MW01008728

10 Bed-Time Stories in French and English with audio.

French for Kids – Learn French with Parallel English Text Volume 2

Frédéric BIBARD (TalkinFrench.com)

ISBN-13: 978-1-63587-439-6

"Best blog dedicated to the French Language and Culture for 2014-2015."
(Voted by the Language Portal bal.ba and its community)

Illustrated by Leo Avero

Table of Contents

Introduction

Hello, young reader!

Are you ready to go on a fun reading adventure? Reading stories is already a magical activity on its own. But do you know what's even better? When the stories also help you learn a new language.

Well, this book can do just that. Super cool, right?

In this amazing book, you will find ten short stories that will:

- Take you on exciting adventures
- Help you become better at understanding English and French
- Teach you to be a better listener with the narrated versions of the stories.

So, get ready to meet magical new characters and prepare to go on exciting quests.

Ready for your adventure? Turn the page and let's begin!

A Foreword for Parents

Congratulations on getting this book! Raising your kid to be bilingual is not an easy task. Buying this book, however, is one of the first steps you can take to help you towards that goal.

So, what exactly can you expect from this book?

- **You'll find ten different stories designed to be read by kids from ages 7 to 12.** Featuring a wide array of fun themes touching on dreams, quests, magic, and fantasy, you can rest assured that the material in this book is suited for children and is appropriate for your child's age.

- **The stories are written in parallel text.** Each paragraph is written in both French and English — first in French, then in English. You can also read the stories in French only or in English only.

- **There is free audio material provided with this book.** You can access the audio at the end of the book. There are two audio files available: One in English, narrated by a native English speaker, and another in French, narrated by a French native speaker. The audio is designed to be a perfect supplement to help readers learn the correct pronunciation and improve their listening skills as well.

This book is suitable for your children, but the best part is you can enjoy it, too! Whether you want to improve your French (or English) as well, or you are simply in it for the joy of reading a story, this book is also great for adults.

So, enjoy this with your children or on your own — either way, you are surely in for a great time!

Les vacances à la mer-
Vacation At Sea

Olivier aime beaucoup les vacances. Pendant les vacances, il n'a pas besoin de se réveiller tôt pour aller à l'école. Il n'y a pas de devoirs et on peut passer des heures à jouer à toutes sortes de jeux. Olivier aime aussi passer plus de temps avec sa famille. Son papa et sa sœur Maddie jouent au football avec lui. Sa mère et lui font des puzzles et des sculptures avec de la pâte à modeler.

Olivier really likes vacations. During vacations, it is not necessary to wake up early to go to school. There is no homework and he can pass the time playing all sorts of games. Olivier also likes to spend time with his family. His father and sister, Maddie, play football with him. He and his mother do puzzles and make sculptures with molding clay.

Cette fois, les vacances sont différentes. Toute sa famille va en vacances dans un camping près de la plage. Quand il était tout petit, sa famille et lui avaient déjà passé des vacances à la plage, mais c'était il y a des années, et il était trop petit pour s'en rappeler.

This time, the vacation was different. His entire family went on a vacation in a camper near the beach. When he was very small, his and his family had vacations at the beach, but it had been many years and he is too small to remember.

Il a fallu tout d'abord préparer les affaires et les ranger dans le coffre de la voiture. Puis, cela a pris des heures et des heures en voiture pour aller à la plage. Dans la voiture, toute la famille a chanté. Ils se sont arrêtés en route pour manger. Olivier a aussi dormi pendant un long moment. Même si le trajet était long et fatiguant, cela ne dérangeait pas Olivier, car il voulait vraiment voir la mer.

It was necessary to first prepare the belongings and load them up in the car's trunk. Then, they spent many hours in the car driving to the beach. In the car, the entire family sang. They stopped on the way to eat. Olivier also slept for a long time. Even though the trip was long and tiring, that did not discourage Olivier because he was really looking forward to seeing the sea.

Dès qu'ils sont arrivés au camping, ils se sont dépêchés de vider le coffre de la voiture. Chacun a ensuite mis son maillot de bain et a pris une serviette de plage. Il n'y avait que quelques minutes à marcher pour arriver à la plage. Avant même de voir la mer, Olivier entend les vagues.

As soon as they arrived to the camp ground, they hurried to empty the car's trunk. Everyone then put on their bathing suits and took a beach towel. It only took a few minutes to walk to the beach. Before even seeing the sea, Olivier heard the waves.

"On fait la course?" lui demande Maddie.

"Should we go in?" Maddie asked.

Maddie et Olivier se mettent à courir. En arrivant à la plage, Olivier est émerveillé. La mer est immense. Toute bleue. Il y a beaucoup de

personnes. La famille trouve un endroit où s'installer. Très vite, Olivier et Maddie enlèvent leurs vêtements. Leur papa gonfle des bouées pour Olivier et le petit garçon le passe à ses bras. Maddie n'a pas besoin de bouée, car elle sait très bien nager.

Maddie and Olivier began to run. Coming to the beach, Olivier was amazed. The sea was immense and all blue. There were a lot of people. The family found a place to settle down. Olivier and Maddie took off their clothes very quickly. Their father blew up the buoys for Olivier and he put them on his arms. Maddie did not need the buoy because she knew how to swim.

Le sable est chaud et doux sous les pieds d'Olivier. Il veut déjà aller dans l'eau, mais sa maman veut d'abord lui mettre de la crème solaire. Enfin, il peut aller dans l'eau. Elle est fraiche, si agréable. Sa sœur et lui jouent pendant un long moment. Ils s'éclaboussent en riant. Maddie lui montre aussi comment flotter sur l'eau.

The sand was warm and soft under Olivier's feet. He really wanted to go in the water, but his mother first wanted him to put sunscreen on. At last, he could enter the water. It was fresh and agreeable. He and his sister played for a long time. They splashed around, laughing. Maddie also showed him how to float on the water.

"Olivier, ça te dit d'aller marcher sur la plage?" lui demande Maddie.

"Oui, bien sûr," répond Olivier.

"Dans ce cas, allons demander à papa de nous accompagner."

"Olivier, are you up for a walk on the beach?" Maddie asked him.

"Yes, for sure," responded Olivier.

"In that case, let's go ask Dad to accompany us."

Quelques minutes après, le papa et les deux enfants se mettent en route pour marcher le long de la plage. Soudain, Olivier remarque dans le sable des petites choses qui bougent. Il se rapproche, mais ne trouve qu'un petit trou.

After a few minutes, the father and two children started to walk along the beach. Suddenly, Olivier noticed small things moving in the sand. He approached them, but found nothing but a hole.

"C'est un crabe," lui dit son papa. "Si tu regardes attentivement le sable, tu les verras courir se cacher dans leurs trous. Il faut vraiment être attentif, car ils sont presque de la même couleur que le sable."

"It's a crab," he told his father. "If you look closely at the sand, you will see them running to hide in the holes. You must really pay attention, as they are almost the same color as the sand."

En effet, Olivier découvre d'autres crabes sur la plage. Ils bougent bizarrement de côté sur leurs petites pattes courtes.

Indeed, Olivier discovered other crabs on the beach. They moved weirdly sideways on their small and short legs.

"Papa, pourquoi ces crabes ne sont pas rouges comme ceux que nous mangeons?" demande Olivier.

"Il existe toutes sortes de crabes. Certains que nous mangeons et d'autres non," lui répond son papa.

"Dad, how come these crabs are not red like the ones we eat?" Olivier asked.

"There are all sorts of crabs. Some we eat and others we don't," his father responded.

Un peu plus loin, ils tombent tous les trois sur un groupe d'oiseaux qui se régalent avec un morceau de pain qu'une personne a dû laisser tomber. Les oiseaux sont bruyants. Parfois l'un deux s'envole et fait un tour avant de revenir se poser près de ses camarades.

A little further along, they stumbled upon a group of birds that were feasting on a piece of bread that a person had dropped. The birds were noisy. Once, two were flying and then made a tour before coming down close to the flock.

"Quel est le nom de ces oiseaux?" demande Maddie.

"Ce sont des mouettes," lui répond son papa.

"En tous cas, ce sont vraiment de gros gourmands," dit Olivier.

"What are these birds called?" Maddie asked.

"These are seagulls," responded her father.

"In any case, those are some really greedy birds," said Olivier.

Ils marchent pendant encore quelques instants, puis décident de retourner voir maman. Les deux enfants ont envie de retourner nager, mais leur maman leur dit qu'il faut d'abord déjeuner. En prenant toutes leurs affaires, ils se dirigent vers l'un des restaurants qui se trouvent tout près de la plage.

They walked for a little while longer, then decided to return to see mother. The two children felt like swimming again, but their mother told them they would first have to eat. Taking all of their belongings, they set out towards one of the restaurants located near the beach.

Ils mangent tous des fruits de mer délicieux. Ils boivent aussi du jus fraichement pressé. Les deux enfants racontent à leur maman ce qu'ils ont vu lors de leur balade. Il y a d'autres familles dans le restaurant. Les gens ont l'air heureux et détendu. Les serveurs ont beaucoup de travail avec tant de monde à servir, mais ils gardent le sourire.

They ate delicious seafood. They also drank some freshly pressed juice. The two kids told their mother what they had seen on their walk. There were other families in the restaurant. Everyone seemed relaxed and happy. The servers had a lot of work to do because of how busy it was, but they were all smiling.

Après le déjeuner, ils retournent à la plage. Maman remet de la crème solaire à tout le monde. Personne ne pourra nager tout de suite, parce que papa a dit qu'il n'est pas bon de nager tout de suite après avoir mangé. Papa et maman décident de faire la sieste sur leurs serviettes de plage.

After lunch, they headed back out to the beach. Mother again put sunscreen on everyone. Nobody could swim right away because father said it was not good to swim directly after eating. Mom and Dad decided to take a nap on their beach towels.

"Et si on faisait un château de sable?" dit Olivier.

"Would you like to make a sand-castle?" said Olivier.

Maddie trouve l'idée très bonne. Ils se mettent à creuser pour avoir suffis amment de sable pour construire leur château. C'est leur premier jour de vacances et leurs parents ne leur ont pas encore acheté de seau ou de pelle. Les deux enfants construisent le château de leurs mains. Parfois, un morceau du château s'écroule, mais ils le rebâtissent aussitôt.

Maddie thought it was a good idea. They began by digging out a sufficient amount of sand to construct their castle. It was their first day on vacation and their parents did not buy them a pail (bucket) and a shovel. The two children constructed it with their hands instead. At one point, a piece of the castle fell off, but they repaired it quickly.

Quand leurs parents leur permettent de nouveau d'aller dans l'eau, les enfants s'en donnent à cœur joie. Olivier remet ses bouées. Cette fois c'est lui qui éclabousse Maddie en premier. D'autres enfants jouent aussi avec eux. Il y a deux garçons et trois filles qui passent leurs vacances dans le même camping qu'eux. Ils se disent qu'ils pourront tous se retrouver à la plage pour jouer tous les jours.

When their parents allowed them to go into the water again, the children went wholeheartedly. Olivier put his buoys back on. This time, it was him who splashed Maddie first. Other children played with them as well. There were two boys and three girls who were vacationing in the same camping ground as them. They told Maddie and Olivier they could find them at the beach every day to play.

Après cette première journée à découvrir la mer, la plage, les crabes, les mouettes, et même de nouveaux amis, Olivier est absolument ravi. Quand arrive l'heure de ramasser leurs affaires pour quitter la plage, il est fatigué, mais très heureux. Il a hâte d'être au lendemain pour retourner s'amuser à la plage.

After that first day of discovering the sea, the beach, seagulls, and even some new friends, Olivier was absolutely ecstatic. When it was time to gather all their belongings to leave the beach, he was tired, but very happy. He could not wait to return to the beach tomorrow to have some fun.

Joël et le monstre du jardin. - *Joel and the Garden Monster.*

Joël est un petit garçon très intelligent. Il a souvent de bonnes notes à l'école et peut lire des livres entiers tout seul. Il est aussi très courageux. Quand son papa l'a emmené voir le dentiste, il n'a pas pleuré. Quand le dentiste s'est penché sur sa bouche avec ses instruments bizarres, il n'a même pas bougé.

Joel is a very intelligent little boy. He often gets good grades in school and can read entire books on his own. He is also very courageous. When his father took him to the dentist, he did not cry. When the dentist reached into his mouth with his weird tools, he did not even move.

Pourtant, depuis quelque temps, Joël a peur. Il a peur quand il fait nuit, car parfois il entend des bruits. On dirait des sons étranges et inquiétants qui viennent de son jardin. Des ombres qui semblent menaçantes derrière ses fenêtres.

Yet, after a while, Joel was scared. He was scared when it became night because he heard noises. They were strange and worrying noises that came from his garden. Menacing shadows would lurk behind his windows.

Tout a commencé il y a trois semaines. Joël s'était levé pour aller aux toilettes. En revenant à sa chambre, il avait entendu comme un grattement. Comme si quelqu'un utilisait ses ongles pour essayer d'entrer quelque part. Joël avait eu très peur et avait couru jusque à la chambre de sa grande sœur, Susie.

All of this started three weeks ago. Joel woke up to go to the bathroom. When he came back to his room, he heard a scratching noise, as if someone was using their nails to enter. Joel was very scared and ran to his sister Susie's room.

Il avait réveillé sa sœur en lui expliquant ce qu'il avait entendu. Mais quand ils avaient essayé d'entendre le son de nouveau, ils n'ont pas entendu de grattement. Ils entendaient le bruit des gouttes d'eau dans la cuisine, car le robinet n'était pas bien fermé. En se concentrant beaucoup, ils pouvaient même entendre leur papa qui ronflait dans sa chambre.

He woke his sister up and explained what he had heard. But when they tried to listen for the sound, they did not hear any scratching. They heard water dripping in the kitchen because the faucet was not completely turned off. Even when they concentrated, they could only hear their father snoring in the other room.

Ce soir-là, Joël s'est dit qu'il avait peut-être imaginé ces bruits. Il devait être encore un peu endormi en revenant des toilettes. Mais, deux nuits plus tard, il a de nouveau entendu des bruits. Il avait l'impression que la chose se déplace dans le jardin. Le bruit du vent dans les arbres devient lui aussi effrayant. Joël n'avait pas réussi à se rendormir. Le lendemain, il était très fatigué, mais aussi très inquiet.

That night, Joel thought perhaps he had imagined he heard noises. He was starting to feel sleepy again after coming back from the bathroom. Two nights later, he heard some new noises. He got the impression that the "thing" was in the garden. The noise of the wind blowing through the trees also scared him. Joel was not successful in going back to sleep. The next day, he was very tired and very anxious.

La semaine suivante, Joël avait encore une fois entendu les bruits. Des grattements encore, mais aussi un grand fracas, c'était comme si un monstre avait renversé la poubelle. Il n'avait pas fermé l'œil de la nuit et n'avait pas osé quitter son lit pour aller voir Susie. Pendant le petit déjeuner, ses parents s'étaient mis à parler de la poubelle qui avait été renversée durant la nuit.

The following week, Joel heard noises again — some scratching, and then a big crash. It was like a monster had knocked over the garbage can! He did not close his eyes that night and he did not dare leave his bed to go tell Susie. During breakfast, his parents began to talk about the garbage can that had toppled over during the night.

Joël n'avait pas osé dire à ses parents qu'il avait entendu du tapage pendant la nuit. Qu'aurait-il pu leur dire ? Ses parents ne l'auraient pas cru pas s'il leur avait dit qu'il y avait un monstre dans le jardin.

Joel did not dare tell his parents that he had heard some racket during the night. What could he have said? His parents would not have believed him if he were to say that he heard a monster in the garden.

Une nuit, alors qu'il avait de nouveau entendu des bruits dans le jardin, Joël avait entendu comme des grincements dans le couloir. Il s'était enfoncé profondément dans son lit et avait tiré sa couverture jusque sous son menton. Son cœur bat à la chamade.

One night, he heard some new noises coming from the garden. All of a sudden, Joel heard some creaking in the hallway. He sank deeply into his bed and pulled the blanket right up over his head. His heart began to beat wildly.

Depuis quelque temps, il dormait avec une veilleuse, mais ce bruit l'inquiétait. On aurait dit que le bruit se rapprochait de sa chambre.

Il imaginait déjà les pires monstres imaginables qui viendraient le chercher jusque dans son lit. Quand sa porte s'est ouverte, Joël avait failli hurler de peur.

After a while, he slept with a night light, but this new noise made him anxious. The new noise was coming closer to his bedroom. He imagined the worst monsters possible coming to look for him in his bed. When the door opened, Joel screamed in fear.

Heureusement, ce n'était que Susie qui était entrée dans sa chambre. Joël est vraiment soulagé.

Thankfully, it was none other than Susie who had entered his room. Joel was relieved.

"Moi aussi j'ai entendu du bruit cette nuit," avait dit Susie. "C'était comme des bébés qui pleuraient de temps en temps."

"Mais nos voisins n'ont pas de bébé," avait répondu Joël.

"Nous devons savoir ce qu'il se passe Joël!"

"Qu'est-ce que nous pouvons faire Susie?"

"I heard some noises," said Susie. "It sounded like babies crying every once in a while."

"But our neighbors do not have a baby," responded Joel.

"We must find out what is happening, Joel!"

"What can we do, Susie?"

Le frère et la sœur se sont regardés en silence. Finalement, Susie a dit:

The brother and sister looked at each other in silence. Finally, Susie said:

“Pour ce soir, je vais dormir avec toi. Demain, après l’école, nous réfléchirons à un plan d’attaque pour démasquer le monstre qui vide nos poubelles et fait tous ces bruits étranges.”

“For tonight, I am going to sleep with you. Tomorrow after school, we will brainstorm a plan of attack to get the monster who is toppling our garbage over and making strange noises.”

Voilà comment, trois semaines après avoir entendu les bruits pour la première fois, Joël et Susie se retrouvent pour discuter du monstre dans le jardin. Après une longue discussion, Susie finit par déclarer :

So, three weeks after having heard the noises for the first time, Joel and Susie discussed the monster in the garden. After a long discussion, Susie declared:

“Il n’y a qu’une solution. Il faut aller dans le jardin pendant la nuit pour voir ce monstre et le chasser.”

“There is only one solution. We must go into the garden during the night to identify the monster and chase it away.”

Joël a peur d’affronter le monstre, mais il se dit qu’avec sa sœur, il pourrait le faire.

Joel was scared to confront the monster, but he said to himself that, with his sister, he could do it.

Comme ils l’avaient prévu, Joël et Susie se retrouvent dans la cuisine à minuit. Ils ont chacun une lampe torche. Prenant leur courage à deux mains, les deux enfants ouvrent la porte et vont dans le jardin.

Like they had planned, Joel and Susie met up in the kitchen at midnight. They each had a nightlight. With all the courage they could muster, the two kids opened the door and went into the garden.

La nuit, les ombres ont des formes bizarres. Le vent fait des bruits effrayants. Même les feuilles sous leurs pas font un bruit bizarre. Ce soir, les enfants peuvent voir beaucoup d’étoiles, mais il n’y a pas de lune pour les éclairer. Sans leurs torches, ils ne verraient sûrement rien du tout.

At night, shadows take on weird forms. The wind made some scary noises. Even the leaves on their own made a weird sound. On this night, the kids could see the stars very well, but they did not have the moonlight shining on them. Without their nightlights, they would not have been able to see anything at all.

"Là, près de l'abri de jardin," dit Susie à voix basse.

"Oui, j'entends aussi comme des petits cris," répond Joël tout doucement.

"There, near the garden shed," Susie said in a low voice.

"Yes, I hear what seems to be small cries," responded Joel lightly.

Le frère et la sœur s'avancent prudemment. Le bruit vient de l'intérieur. Presque personne ne va dans l'abri d'habitude. Il y a surtout des outils de jardin, une vieille table de jardin et quelques chaises en plastique. A l'aide de leurs torches, Joël et Susie explorent l'abri.

The brother and sister advanced carefully. The sound came from inside the shed. Almost no one went into the shed. There were only some garden tools, an old garden table, and some plastic chairs. With the help of their nightlights, Joel and Susie explored the shed.

Ils finissent par entendre de nouveau les petits cris.

They began to hear some new small cries.

"Susie, prends ma torche," dit Joël. "Je vais bouger cette boite pour voir ce qu'il y a derrière."

"Susie, take my torch," said Joel. "I am going to move that box so I can see what's behind it."

Joël rassemble tout son courage, et après une grande inspiration, il soulève la boite.

Joel gathered all of his courage and, after a deep breath, lifted the box.

Les deux enfants n'en croient pas leurs yeux ! Ce n'est pas un monstre qui se cache là. C'est une maman chat avec trois chatons. La chatte est toute belle avec sa fourrure blanche et orange. Deux des chatons lui ressemblent, et un troisième est tout blanc.

The two kids could not believe their eyes. It was not a monster hiding there. It was a mother cat with her three baby kittens! The cat was very beautiful with her orange and white fur. Two of the kittens resembled her, and the third was all white.

"Et dire que nous avons eu peur d'un chat," dit Joël.

"Look, we were afraid of a cat!" said Joel.

Pendant que Susie reste dans l'abri avec les chats, Joël court à toute vitesse pour chercher ses parents. A présent, toute la famille, encore en pyjama, se trouve dans l'abri.

While Susie stayed in the shed with the cats, Joel ran very quickly to look for his parents. The entire family, dressed in pajamas, met up in the shed.

"Ce devait être la maman chat qui jetait nos poubelles pour trouver de la nourriture," dit le papa de Joël.

"Est-ce qu'on peut les garder?" demandent les deux enfants.

"D'accord," dit la maman. "Comment va-t-on les appeler?"

"La maman chat, on l'appellera monstre," dit Joël en riant.

"That must have been the mother cat that toppled over our garbage cans to find some food," said Joel's father.

"Can we keep them?" asked the two kids.

"Okay," said their mother. "What will their names be?"

"The mother cat will be named monster," said Joel, laughing.

Sa sœur aussi se met à rire, mais ils ne disent rien à leurs parents. Le monstre du jardin restera pour toujours leur petit secret.

His sister also began to laugh, but they did not say anything to their parents. The monster in the garden would stay their little secret.

Didier Apprend à Pêcher-
Didier Learns How to Fish

Comme chaque année, toute la famille de Didier passe les vacances chez ses grands-parents. Ils habitent à la campagne, dans une grande maison près d'une rivière. Il a fallu plusieurs heures de route pour arriver là-bas. Ça a duré tellement de temps que Didier a même dormi dans la voiture.

Like every year, Didier's entire family spends their holiday at his grand-parents house. They live in the country, in a big house near a river. It takes many hours to get to their place. It took so long that Didier fell asleep in the car.

En arrivant chez ses grands-parents, Didier se jette dans les bras de sa grand-mère. Cela fait des mois qu'il ne l'a pas vue.

When they arrived at his grandparents' house, Didier threw himself in his grandmother's arms. It had been months since he last saw her.

"Qu'est-ce que tu as grandi," lui dit sa grand-mère.
"Oui grand-mère, lui répond Didier," c'est parce que je mange tous mes légumes.

"My! How you have grown," his grandmother remarked.
"Yes, grandmother," responded Didier, "It's because I eat all my vegetables."

Ils passent tous une bonne trentaine de minutes à vider le coffre de la voiture et tout ranger dans les chambres qu'ils vont utiliser durant leur séjour. Didier a apporté des vêtements bien sûr, mais aussi des jouets et des livres.

They spent a good thirty minutes emptying the trunk of the car and moving in to the rooms where they were going to stay. Didier brought some clothes, but also some toys and books.

Ce soir-là, Didier va se coucher juste après le diner, car il est très fatigué. Mais dès le lendemain, il a hâte de profiter de sa première journée de vacances. A commencer par le superbe petit déjeuner qui l'attend. Il mange avec bon appétit ses tartines avec de la confiture que sa grand-mère prépare elle-même.

That night, Didier went to sleep just after dinner because he was very tired. But the next day, he was anxious to make the most of his first day of vacation. It started with the excellent breakfast that awaited him. He ate his sandwiches with jam that his grandmother made with great haste.

"Qu'est-ce que tu as prévu de faire aujourd'hui Didier?" lui demande son grand-père.
"Je ne sais pas encore papi," lui répond Didier. "Peut-être que je vais jouer avec ma nouvelle voiture téléguidée."
"Et si on allait plutôt à la pêche?"

"What would you like to do today, Didier?" asked his grandfather.

"I don't know yet, granddad," responded Didier. "Maybe I will play with my new remote control car."

"What if instead we went fishing?"

Didier n'a pas vraiment envie d'aller à la pêche. Mais ça fait longtemps qu'il n'a pas passé du temps avec son grand-père. Il se dit qu'il pourra jouer avec sa voiture téléguidée une autre fois.

Didier did not really want to go fishing. But it had been a long time since he last spent some quality time with his grandfather. He told himself he could play with his remote control car another time.

"D'accord papi. On ira pêcher tous les deux," dit Didier.
"On ira tout de suite après le petit déjeuner."

"Okay granddad. We will go fishing," said Didier.

"We will go immediately after breakfast."

Comme prévu, Didier et son grand-père quittent la maison juste après le petit déjeuner. Son grand-père porte un panier et deux cannes à pêche. Didier pour sa part tient le seau où ils vont mettre les poissons qu'ils vont attraper. Le soleil n'est pas encore haut dans le ciel, mais on voit bien que ce sera une belle journée.

Like they had discussed, Didier and his grandfather left the house just after breakfast. Didier did his part by holding the pail where they would put the fish they caught. The sun was not yet at its peak, but you could tell it was going to be a beautiful day.

Ils arrivent rapidement à la rivière. Ils commencent par déposer toutes leurs affaires sur la berge. Didier pense qu'ils vont tout de suite commencer à pêcher, mais son grand-père lui dit :

They arrived quickly at the river. They began putting all of their belongings down on the bank. Didier thought they were going to start fishing immediately, but instead his grandfather told him:

Avant de commencer à pêcher, il faut d'abord trouver des vers.
Des vers ? demande Didier.
Oui, de vers de terre, répond son grand-père.

"Before starting to fish, it is necessary to first find some worms."

"Some worms?" asked Didier.

"Yes, earthworms," responded his grandfather.

Didier n'a pas très envie de se salir. Son grand-père lui explique comment faire pour trouver les vers. Au début, Didier trouve cela bizarre, mais très vite il s'amuse en plongeant les mains dans la terre. Après quelques dizaines de minutes, son grand-père lui dit qu'ils ont assez de vers pour commencer à pêcher.

Didier did not feel up to getting dirty. His grandfather explained how to find the worms. At first, Didier found it to be weird, but quickly he began to amuse himself by plunging his hands into the soil. After a few minutes, his grandfather told him they had enough worms to start fishing.

Son grand-père lui montre comment accrocher un vers à l'hameçon. Didier prend un peu de temps avant de réussir à accrocher son vers, mais il y réussit finalement. Le grand-père et son petit-fils s'assoient sur le bord de la berge. Didier essaye de lancer sa ligne, mais elle est tout entortillée.

His grandfather showed him how to put a worm on a fishing hook. Didier took a bit of time before he successfully put his worm on. The grandfather and his grandson sat down on the edge of the riverbank. Didier tried to throw his line out, but it became tangled.

Son grand-père est très patient et il prend le temps de démêler la ligne. Il lui montre ensuite comment lancer sa ligne sans qu'elle soit tout emmêlée. Didier fait un deuxième essai. Cette fois, il réussit et il est très fier de lui.

His grandfather was very patient and took the time to untangle the line. He then showed him how to cast the line without tangling it. Didier gave it a second try. This time, he was successful and he was very proud of himself.

Le soleil est maintenant plus haut dans le ciel. Heureusement, Didier et son grand-père sont assis à l'ombre d'un grand chêne. Il y a une brise légère et l'air est frais. Les oiseaux chantent dans les arbres tout autour. Didier entend aussi des grillons qui se cachent dans l'herbe autour.

The sun was now at its peak intensity. Didier and his grandfather sat down in the shade of a large oak tree. There was a light breeze and the air was fresh. The birds sang in the trees that surrounded them. Didier also heard some crickets that were hiding in the grass.

Un peu avant midi, Didier sent que quelque chose tire sur sa ligne.

A little before noon, Didier felt something tug on his line.

"Grand-père, il y a quelque chose au bout de ma ligne," dit Didier.

"Attends, je viens t'aider," lui répond son grand-père.

"Grandfather, there is something on the end of my line," said Didier.

"Wait, I am coming to help you," responded his grandfather.

Son grand-père pose sa canne à pêche et se rapproche de Didier.

His grandfather put down a fish pail and approached Didier.

"Maintenant, il va falloir remonter le poisson," lui dit-il.

"Now, you must reel in the fish," he told him.

Didier est de plus en plus excité. Le poisson au bout de sa ligne tire fort. Le petit garçon se dit que ce poisson doit être gros.

Didier became more and more excited. The fish on the end of his line pulled hard. The little boy told himself that the fish must be big.

"Doucement et sans t'arrêter, tu vas tourner le moulinet pour enrouler la ligne," lui dit son grand-père.

"Lightly and without stopping, you will turn the reel to roll up the line," his grandfather instructed.

En suivant les instructions de son grand-père, Didier utilise le moulinet pour ramener la ligne. De temps en temps son grand-père l'aide à tenir la canne, car le poisson se débat. Cependant, après un moment, ils voient le poisson sortir de l'eau en se tortillant. Didier avait raison, le poisson était gros.

In following the instructions of his grandfather, Didier used the reel to bring in the line. From time to time his grandfather helped him hold the rod because the fish was putting up a fight. However, after a moment, they saw the fish hop out of the water while twisting. Didier was right — the fish was big.

Aidé de son grand-père, Didier décroche le poisson de l'hameçon et le place dans le seau qu'ils avaient rempli d'eau.

With the help of his grandfather, Didier unhooked the fish and put it in the pail filled with water.

"Bravo, Didier," lui dit son grand-père. "Pour une première fois, c'est vraiment un très beau poisson."

"Merci grand-père," répond Didier avec le sourire.

"Bravo, Didier," his grandfather told him. "For your first time, it really is a beautiful fish."

"Thank you grandpa," responded Didier with a smile.

Ils décident tous les deux de déjeuner avant de continuer à pêcher. Ils mangent avec bon appétit ce que sa grand-mère leur a préparé. Il y a du pain avec des tranches de rôti de bœuf, des tranches de gâteau, des raisins et deux bouteilles de jus de fruit.

They both decided to ear before continuing to fish. They ate well what their grandmother had prepared them. There was some bread with slices of roast beef, slices of cake, some grapes and two bottle of fruit juice.

Après le repas, ils passent encore plusieurs heures à pêcher. L'après-midi est bien avancé quand Didier et son grand-père ramassent leurs affaires et se mettent en route pour la maison. Ils ont attrapé six poissons et ont hâte de montrer aux autres membres de la famille leurs prises.

After the meal, they went back again to fish for several more hours. The afternoon passed by quickly. Then, Didier and his grandfather picked up their belongings and headed back to the house. They had trapped six fish and were anxious to show the family what they had caught.

Avec beaucoup de fierté, Didier montre à ses parents les poissons qu'ils ont pêchés.

With a lot of pride, Didier showed his parents the fish they had caught.

"Je vais les nettoyer et les préparer pour le diner," dit la maman de Didier.

"Je vais cuire des carottes et des pommes de terre pour manger avec," dit le papa de Didier.

"I will wash them and prepare them for dinner," said Didier's mom.

"I will cook some carrots and potatoes to eat with the fish," said Didier's father.

Ce soir-là, tout le monde se régale à table avec le poisson cuit dans une sauce délicieuse. Les pommes de terre et les carottes sont fondantes. Didier se dit qu'il a passé une excellente journée et espère pouvoir pêcher de nouveau avec son grand-père.

That evening, everyone feasted at the table on the cooked fish in a delicious sauce. The potatoes and the carrots melted in their mouths. Didier said he had a great day and hoped to fish again with his grandfather.

Alice au marché aux puces - *Alice at the Flea Market.*

D'aussi loin qu'Alice s'en souvienne, son papa et sa maman vont au marché aux puces le dimanche. Et depuis toujours, ses parents la déposent chez sa tante Lucie quand ils vont au marché aux puces. La mère d'Alice lui a toujours dit qu'elle l'emmènerait quand elle serait plus grande.

For as long as Alice can remember, her mother and father went to the flea market every Sunday. Her parents left her to stay at her aunt's house while they went to the flea market. Alice's mother always told her she would bring her to the market when she grew up.

Alice au marché aux puces - Alice at the Flea Market.

Alice aime bien aller chez sa tante Lucie. Quand elle est là-bas, elle joue avec ses cousines Axelle et Laura. Elles jouent avec des poupées. Les trois cousines font aussi des puzzles. Parfois, tante Lucie leur demande de venir dans la cuisine et elles préparent des cupcakes.

Alice really liked to go to her aunt Lucie's house. When she was there, she played with her cousins Axelle and Laura. They played with dolls and did puzzles. Sometimes, aunt Lucie asked them to come to the kitchen to bake some cupcakes.

Alice pensait que ce dimanche allait être comme les autres. Mais ce jour-là, sa maman lui dit :

On this particular Sunday, Alice thought it would be like all the others. But on this day, he mom told her:

"Alice, ça te dirait de venir avec nous au marché?"

"Oui, oui, oui!" répond Alice.

"Alice, what do you say about coming to the flea market?"

"Yes, yes, yes!" shouted Alice.

La petite fille est vraiment très excitée. C'est la première fois qu'elle accompagne ses parents et elle a hâte de découvrir l'endroit où ils vont tous les dimanches. Pour l'occasion, elle choisit de mettre son joli t-shirt jaune et des jeans. Maman l'a prévenue qu'il faudra aussi beaucoup marcher, alors Alice met ses baskets. Elle prend aussi les pièces qui se trouvent dans sa tirelire.

The little girl was very excited. It was the first time she had accompanied her parents and she was looking forward to discovering the place her parents went every Sunday. For the occasion, she chose to put on her pretty yellow t-shirt and some jeans. Her mother warned that there would be lots of walking, so Alice put on her sneakers. She also took some change from her piggybank.

Le trajet en voiture ne dure pas très longtemps. Cependant, il faut marcher pendant une dizaine de minutes avant d'arriver au marché.

En y arrivant, Alice se dit que ça valait bien la peine d'avoir marché pendant dix minutes pour arriver là.

The car ride did not take a long time. However, it was necessary to walk for ten minutes to get to the market. Upon arriving, Alice said it was well worth it to have walked ten minutes to get there.

Partout où elle regarde, Alice voit des marchands et des personnes qui font des achats. On dirait qu'il y a des douzaines et des douzaines de vendeurs avec toutes sortes de produits. Ici tout est différent de ce qu'Alice a déjà vu.

Everywhere she looked, Alice saw merchants and people making purchases. There were dozens upon dozens of vendors with all sorts of products. Here, everything was different from anything Alice had seen before.

Tout d'abord, les objets ne sont pas sur de jolies étagères bien rangées comme dans les supermarchés. Il y a desétals qui sont remplis d'articles de toutes sortes. Ses parents l'entrainent dans une des allées.

First, the items were not put on pretty shelves and well-arranged like they were in supermarkets. There were stands filled with items of all sorts. Her parents lead her into one of the aisles.

La maman d'Alice se rapproche d'un marchand qui vend des sacs qui ont l'air d'avoir déjà servi. On dirait qu'il y a des sacs de toutes les époques et de toutes les tailles. Certains sacs sont tout noirs, d'autres ont des franges. Il y a un sac avec des paillettes et un autre à carreaux. La maman d'Alice décide d'acheter un sac gris. Alice trouve qu'il est très beau.

Alice's mother approached a merchant who was selling handbags that seemed used. There were handbags from each decade and of all sizes. Some handbags were all black, and others had trims. There were handbags with glitter and others that were square. Alice's mother decided to buy a grey handbag. Alice found it to be beautiful.

Ils marchent encore un moment et Alice découvre dans un coin plusieurs marchands de meubles anciens. Il y a de vieilles commodes qui ont l'air de venir d'un château. Il y a des chaises en bois, toutes

différentes les unes des autres. Alice voit aussi des fauteuils recouverts de tissus fleuris.

They walked some more and Alice found in the corner several ancient furniture merchants. There were some chests with drawers that seemed to be from a castle. There were wooden chairs, all different from one another. Alice also saw some armchairs covered with flowery fabric.

Un peu plus loin, un couple de marchands vendent toutes sortes d'accessoires de cuisine. Il y a des casseroles de toutes tailles, certaines en cuivre, d'autres en fonte. Alice trouve que les louches sont très drôles suspendues toutes ensemble. Des verres et des coupes en cristal brillent sous les rayons du soleil.

A little further away, a couple of merchants sold all sorts of kitchen accessories. There were sauce pans of all sizes, some made of copper, and others made of cast iron. Alice found the ladles to be funny looking, hanging all together. Glasses and cups made of crystal shone brightly under the rays of the sun.

Soudain, Alice voit un vendeur avec beaucoup de jouets. Sur l'étagère, la petite fille voit des poupées en chiffon et des bilboquets. Il y a aussi de très vieux livres pour enfants avec des couvertures aux couleurs pâles. A côté de jouets en bois, il y a des robots un peu rouillés, mais encore très beaux. Alice voit aussi plusieurs wagons de trains de différentes couleurs.

Suddenly, Alice saw a vendor with a lot of toys. On the shelf, the little girl saw ragdolls and ball-in-cup games. There were also some very old books for kids with covers in pale colors. Beside the wooden toys, there were robots that were a bit rusted, but very nice all the same. Alice also saw many toy trains of different colors.

"Maman est-ce qu'on peut aller voir le marchand de jouets de plus près s'il te plait?" demande Alice?

"Bien sûr ma chérie," lui répond sa maman.

"Et si tu vois quelque chose qui te plait, on verra si on peut l'acheter," rajoute son papa.

"Mother, can we please go see the toy merchant that is closest to us?" asked Alice.

"Of course, my dear," responded her mother.

"And if you see something you like, we can see if we can buy it," added her father.

Alice est très excitée. Elle se rapproche du marchand avec un grand sourire aux lèvres. En plus de tout ce qu'elle a déjà vu, Alice découvre aussi un petit jeu d'échecs avec des pièces joliment sculptées. Alice voudrait bien l'acheter, mais elle n'a pas assez de pièces.

Alice was very excited. She approached the merchant with a big smile on her face. In addition to everything she had seen, Alice also discovered a small checkers game with some beautifully sculpted pieces. Alice wanted to buy it, but she did not have enough money.

"Tu cherches quelque chose jeune demoiselle?" lui demande le marchand.

"Oui, Monsieur," lui répond Alice.

"Est-ce que je peux te recommander ceci?"

"Are you looking for something young lady?" the merchant asked.

"Yes, mister," responded Alice.

"May I suggest this right here?"

Le marchand lui montre une sorte de manège avec des chevaux. Il y en a de différentes couleurs : rose, jaune, violet, bleu, vert. Le manège est superbement décoré avec énormément de détails.

The merchant showed her a sort of merry-go-round. They came in different colors: pink, yellow, purple, blue, and green. The merry-go-round was excellently decorated with a lot of detail.

"Tourne la manivelle," lui dit le marchand.

"Turn the crank," the merchant told her.

Alice prend le manège et tourne la manivelle. Une merveilleuse musique se met à jouer avec des notes magnifiques. Alice est émerveillée alors que les chevaux se mettent à tourner dans le manège en montant et descendant. Dès qu'elle arrêtait de tourner la manivelle, la musique et les chevaux s'arrêtaient.

Alice took the merry-go-round and turned the crank. A marvelous song began to play with some magnificent notes. Alice was amazed at how the horses began to turn in the merry-go-round while raising and lowering, up and down. As soon as she stopped turning the crank, the music and the horses stopped as well.

"Ce manège me plait beaucoup. Combien coute-t-il?" demande Alice.

"Pour la jeune demoiselle, ce sera huit euros," répond le marchand.

"This merry-go-round makes me very happy. How much does it cost?" asked Alice.

"For the young lady, that will be eight Euros," the merchant responded.

Alice est contente, car elle a suffisamment d'argent. Elle remet la somme au marchand et décide de porter elle-même le sac où le marchand a mis la boite à musique. Ses parents et elle se remettent à marcher pour découvrir d'autres merveilles.

Alice was happy because she had enough money. She gave the merchant the money and decided to use her own bag to carry the music box. She and her parents continued to look for other wondrous items.

Pendant encore plus d'une heure, la petite famille se balade au marché aux puces. Puis, ils décident de s'arrêter pour manger quelque chose. Ils mangent debout à côté d'un marchand de sandwichs. Puis, ils boivent un verre de limonade fraiche.

For another hour and a half, the small family strolled through the flea market. Then, they decided to stop and eat something. They ate standing beside the sandwich merchant. Then, they drank a glass of fresh lemonade.

Après le repas, ils continuent à marcher dans le marché aux puces. Le papa d'Alice achète un tableau. Alice le trouve très beau. Le peintre a peint un lac avec un chalet et beaucoup d'arbres.
Il l'accrochera sûrement au salon quand ils rentreront à la maison.

After the meal, they continued to walk around the flea market. Alice's father purchased a painting. Alice thought it was very beautiful. The painter had painted a lake with a chalet and lots of trees. He was surely going to hang it up in the entrance to the house.

Une fois dans la voiture, son père lui demande :

"Est-ce que tu t'es bien amusée aujourd'hui?"

"Beaucoup," répond Alice.

Once in the car, her father asked her :

"Did you have fun today?"

"A lot," responded Alice.

Ce soir-là, avant de se coucher, Alice passe un long moment à jouer avec sa boite à musique. La mélodie est presque comme une berceuse. Elle décide de laisser son nouveau jouet sur sa table de chevet. Alice s'endort en pensant à toutes les belles choses qu'elle découvrira la prochaine fois qu'elle accompagnera ses parents.

That very night, before sleeping, Alice spent a lot of time playing with her music box. The melody was like a lullaby. She decided to leave her new toy on the bedside table. Alice fell asleep thinking of all the beautiful things that she would find the next time she accompanied her parents to the flea market.

L'anniversaire de maman-
Mom's Birthday

Depuis une semaine, je compte les jours qui me séparent du jour J : l'anniversaire de maman. Finalement, le fameux jour est arrivé. J'avais vraiment hâte qu'il arrive, car j'ai prévu plusieurs surprises pour maman. J'espère qu'elle aimera chacune de ses surprises. J'espère surtout que j'arriverai à faire tout ce que je veux faire.

For one week, I counted down the days until D-day: Mom's birthday. Finally, the much talked about day had arrived. I was really looking forward to its arrival because I planned several surprises for Mom. I hoped she would like each of her surprises. Most of all, I hoped that I would complete everything I had planned to do.

Pour commencer, je vais lui préparer un petit déjeuner et je vais le lui apporter au lit. J'ai dû me réveiller très tôt pour cela. Je commence par prendre des tranches de pain dans le sachet. Je les place dans une assiette. Je prends ensuite le pot de confiture qui se trouve dans le placard. Avec une petite cuillère, j'étale une couche de confiture sur le pain.

To start, I prepared her breakfast and brought it to her in bed. I had to wake up very early for that. I began by taking slices of bread from the bag and placed them on a dish. I then took the jar of jam from the cupboard and, with a small spoon, I spread a layer of jam on the bread.

Je retire du réfrigérateur une brique de jus d'orange et un yaourt. Je me demande où se trouve le plateau. Je cherche dans deux tiroirs et trois placards avant de le trouver. Je place sur le plateau l'assiette avec les tartines, la brique de jus, un verre, le yaourt et une petite cuillère. En faisant très attention, je soulève le plateau.

I pulled a carton of orange juice and a yogurt out of the fridge. I asked myself where the tray was, and had to look in two drawers and three cupboards before finding it. I put the plate with the sandwiches on it, the carton of juice, a glass, the yogurt, and a small spoon on the tray. With great care, I lifted the tray.

Heureusement que la chambre de maman est au rez-de-chaussée. Je ne crois pas que j'aurai pu monter les escaliers avec le plateau. Pour aujourd'hui, papa est mon complice. Il a laissé la porte ouverte pour que je puisse rentrer dans la chambre. En me voyant arriver avec le plateau, maman a un énorme sourire.

I am glad that Mom's room is on the first floor. I do not think I would have been able to walk upstairs with the tray. That day, Dad was my partner. He left the door open so that I could enter the room. Seeing me with the tray, my Mom had a huge smile on her face.

"Que c'est gentil, Nicolas," dit maman.

"Bon anniversaire maman!"

"That's nice of you, Nicolas," said Mom.

"Happy birthday, Mom!"

Je pose le plateau sur le lit en faisant très attention. Je lui dis que je lui ai préparé des tartines. Je lui sers un verre de jus d'orange. Quand elle a fini ses tartines, maman mange son yaourt. Il est à la fraise, la saveur qu'elle préfère.

I put the tray on the bed very carefully. I told her that I had prepared some sandwiches. I served her a glass of orange juice. When she finished her sandwiches, Mom ate her yogurt. It was strawberry, her favorite flavor.

La première surprise que je lui ai préparée s'est très bien passée. Quand maman a fini son petit déjeuner, je rapporte le plateau en cuisine. Il est temps de passer à la deuxième surprise. Pendant que maman prend son bain, je vais chercher dans ma chambre la carte d'anniversaire que j'ai achetée avec papa. Dans la carte je lui souhaite un bon anniversaire et j'ai aussi fait un beau dessin.

The first surprise I had prepared for her went very well. When Mom finished her breakfast, I took the tray back to the kitchen. It was time to move on to the second surprise. While Mom took her bath, I looked in my room for the birthday card I bought with Dad. I wished her a happy birthday and drew a nice picture in the card.

Quand maman vient au salon, je lui offre la carte. Elle est ravie. Papa et moi lui réservons une autre surprise.

When Mom came into the living room, I offered her the card. She was delighted. Dad and I had one more surprise for her.

"Nous avons loué ton film préféré maman. Pendant que tu vas le regarder, papa et moi allons préparer le repas."

"Merci beaucoup, cela me fait vraiment plaisir," me répond maman.

"We have rented your favorite movie, Mom. While you are watching it, Dad and I are going to prepare the meal."

"Thank you very much, that will make me very happy," Mom responded.

Papa arrive avec un bol de popcorn. Maman adore le popcorn. Elle en mange toujours quand elle regarde la télé. Quand nous sommes sûrs que maman est bien installée, papa et moi retournons en cuisine.

Dad came in with a bowl of popcorn. Mom loves popcorn. She always eats it while she watches television. When we were sure that Mom was comfortable, Dad and I returned to the kitchen.

Nous savons depuis longtemps ce que nous voulons préparer pour le déjeuner, alors papa et moi nous mettons vite au travail. Je m'occupe de la salade. Je lave des feuilles d'épinard, des tomates cerises et une pomme rouge.

We knew for a long time what we wanted to prepare for lunch, so Dad and I went straight to work. I made the salad. I washed the spinach leaves, some cherry tomatoes, and a red apple.

"Papa, j'ai fini de laver les feuilles d'épinard et les tomates."

"Très bien, me répond papa. Mets-les dans le grand bol bleu."

"Dad, I have finished washing the spinach leave and the tomatoes."

"Very good," responded Dad. "Put them in the big blue bowl."

Papa coupe la pomme en morceaux et presse un citron dessus pour que la pomme ne noircisse pas. J'ajoute les feuilles d'épinard et les tomates cerises. J'ajoute un petit sachet de pignons. Pour assaisonner, j'ajoute du sel, du poivre, de l'huile d'olive et de la moutarde. La salade a l'air délicieuse.

Dad cut the apple into pieces and pressed a lemon over the top of it so that the apple did not develop brown spots. I added the spinach leaves and the cherry tomatoes. I also added a small bag of pine nuts. To season it, I added salt, pepper, olive oil, and some mustard. The salad looked delicious.

La salade est prête, et nous la mettons dans le réfrigérateur. Nous devons maintenant préparer le poisson en papillote. J'apporte le rouleau de feuille d'aluminium et en déroule une bonne longueur sur la table. Papa apporte le poisson et le dépose sur la feuille d'aluminium.

When the salad was ready, and we put it in the refrigerator. We then prepared the fish in tinfoil. I grabbed the aluminum foil roll and spread out a sheet on the table. Dad brought the fish and placed it on the aluminum foil.

"Apporte le gingembre s'il te plait," me demande papa.

"Bring the ginger please," Dad asked me.

J'apporte la pâte de gingembre et papa en met deux cuillères sur le poisson. Il ajoute aussi du sel et du poivre. Je rappelle à papa qu'il ne faut pas oublier la sauce soja.

I brought the ginger powder and Dad put two spoonful of it on the fish. He also added some salt and pepper. I reminded Dad not to forget the soy sauce.

"Tu as raison," me répond-il.

"You're right," he responded.

Il ajoute la sauce, et arrive le Moment que je préfère. Je me lave les mains et puis je les utilise pour étaler les épices et la sauce sur tout le poisson. Quand j'ai terminé, papa m'explique comment refermer la feuille d'aluminium pour faire la papillote. Je fais très attention pour ne pas déchirer la feuille d'aluminium et bien fermer la papillote.

He added the sauce, finally the Moment I most liked arrived. I washed my hands, and then I used them to spread the spices and the sauce all over the fish. When I finished, Dad explained how to close the aluminum foil to make a cover for the fish. I was very careful not to tear the aluminum foil and folded the sheets to make a cover.

Papa place ensuite la papillote dans un plat et la met au four. Le poisson va cuire pendant vingt minutes. Avant de commencer à préparer le dessert, j'apporte à maman un verre de jus d'orange.

Dad then placed the tinfoil carrying the fish on the tray and put it in the oven. The fish cooked for twenty minutes. Before I began to prepare the dessert, I brought Mom a glass of orange juice.

"Je me demande ce que vous mijotez tous les deux," me dit-elle.

"C'est une surprise maman!"

"I'm wondering what you two are cooking up," she said to me.

"It's a surprise, Mom!"

Je retourne en cuisine pour aider papa avec le dessert. Nous commençons par la crème chantilly. J'ouvre la brique de crème et je la vide dans un grand bol. Papa branche ensuite le fouet électrique. Je tiens le fouet dans la crème jusqu'à ce qu'elle monte et devienne épaisse. J'ajoute ensuite six grosses cuillères à soupe de sucre.

I returned to the kitchen to help Dad with the dessert. We started with the Chantilly cream. I opened the carton of cream and emptied it into a big bowl. Dad then attached the electric whipper. I held the whipper in the cream right up until the cream appeared to be fully thickened. I then added six scoops of sugar.

Une fois que la crème chantilly est prête, nous plaçons le bol dans le réfrigérateur. Le poisson est maintenant prêt et papa retire le plat du four et le pose sur la table. Je passe des fraises fraiches sous l'eau pour les laver et les mets dans un joli bol.

Once the Chantilly cream was ready, we placed the bowl in the refrigerator. The fish was ready, so Dad pulled it out of the oven and set it on the table. I put some fresh strawberries under running water to wash them and then put them in a decorative bowl.

"Le film de maman est presque fini," me dit papa. "Aide-moi à mettre le couvert."

"Mom's movie is almost done," Dad told me. "Help me put out the place settings."

Le film de maman est maintenant terminé. J'éteins la télé. Papa met ses mains devant les yeux de maman pour l'amener jusqu'à la cuisine.

The movie Mom was watching had ended, so I turned off the television. Dad put his hands over Mom's eyes and brought her into the kitchen.

"Surprise!" disons-nous en même temps.
"C'est superbe," dit maman. "Merci beaucoup mes amours."

"Surprise!" we said at the same time.

"It's superb," said Mom. "Thank you very much, my loves."

Nous nous asseyons et dégustons le repas que papa et moi avons préparé. Maman aime beaucoup la salade et le poisson. Pour le dessert nous prenons les fraises avec nos doigts pour les tremper dans la crème chantilly. Papa et moi sommes fiers de nous, car le repas est délicieux et maman est heureuse.

We tasted the meal that Dad and I had prepared. Mom really liked the salad and fish. For dessert, we took the strawberries with our fingers and dipped them in the Chantilly cream. Dad and I were proud of ourselves — the meal was delicious and Mom was happy.

Lisa et la chenille mystérieuse - *Lisa and the Mysterious Caterpillar*

Lisa a toujours aimé explorer son jardin. Elle aime cueillir les jolies roses en faisant attention aux épines. Elle aime aider sa maman en ramassant les feuilles mortes. Elle aime aussi jouer avec son frère Victor en essayant de trouver des trèfles à quatre feuilles.

Lisa had always enjoyed exploring her garden. She likes picking pretty roses and paying attention to the thorns. She likes helping her mom rake dead leaves. She also likes playing with her brother Victor and trying to find four-leaf clovers.

Ce samedi-là, le ciel est tout bleu. Pas le moindre nuage en vue. Lisa se dit que c'est une journée parfaite pour aller dans le jardin. La petite fille commence par inspecter les buissons en fleur. Elle ferme les yeux en sentant le doux parfum qui flotte dans l'air. Elle écoute attentivement le chant des oiseaux qui fabriquent un nid dans un arbre.

That Saturday, the sky was all blue. Not a cloud in sight. Lisa told herself it was a perfect day to go in the garden. The small girl started by inspecting the flower bushes. She closed her eyes and smelled the soft perfume that floated in the air. She listened attentively to the song of the birds that were building a nest in a tree.

Ce que Lisa préfère c'est regarder toutes les petites bêtes qui se cachent dans son jardin. Il y a tout d'abord les fourmis, qui marchent à la queue leu leu comme des soldats. Puis, il y a aussi les vers de terre, qui aiment se cacher dans le sol. Lisa prend aussi plaisir à compter les tâches sur le dos des coccinelles.

What Lisa liked the most was watching all the animals that hid in her garden. First of all, there were ants that walked in a line single-file like soldiers. Then, there were worms that liked to hide in the soil. Lisa also really liked to count the number of spots on the backs of the ladybugs.

Cela fait déjà un moment que la petite fille est dans le jardin quand elle fait une belle découverte. Cachée sous un plant de persil, une belle chenille se traine sans se presser. La chenille est la plus magnifique que Lisa ait vue de toute sa vie. Elle est verte avec des tâches noires, blanches et orange.

It took a while, but the little girl in the garden finally found something very beautiful. Hidden under a parsley plant, a beautiful caterpillar crawled around without hurrying. The caterpillar was the most magnificent thing that Lisa had ever seen in her life. It was green with black, white, and orange spots.

Timidement, Lisa avance sa main vers la feuille et ne bouge plus. Elle est très heureuse de voir que la chenille grimpe sur sa main. Les toutes petites pattes de la bestiole la chatouillent, mais Lisa veut la garder le plus longtemps possible.

Timidly, Lisa advanced her hand towards the leaf and held it there. She was very happy to see that the caterpillar climbed up her hand. The small little feet of the little bug tickled her, but Lisa wanted to hold it for as long as possible.

La petite fille reste un long moment dans le jardin avec sa nouvelle amie. Elle oublie tout ce qu'il y a autour d'elle. Elle oublie même le temps qui passe, jusqu'à ce qu'elle entende la voix de sa maman.

The small girl stayed a while longer in the garden with her new friend. She forgot about everything around her. She even forgot about the time right up until she heard the voice of her mother.

"Lisa! Lisa! Il faut rentrer," dit sa maman.

"Lisa! Lisa! It's time to come in," said her mom.

Lisa n'a pas envie de laisser sa nouvelle amie pour rentrer chez elle. Elle a alors une idée. Elle décide qu'elle ramènera son amie la chenille avec elle.

Lisa was not eager to leave her new friend to go back in the house. She had an idea. She decided to bring her caterpillar friend in with her.

Comme un ninja, elle se faufile dans la maison sans faire de bruit. Elle court jusqu'à sa chambre et s'enferme rapidement. Puis, avec beaucoup de précautions, elle pose la chenille sur son bureau.

Like a ninja, she edged her way into the house without making a sound. She ran right up to her room and quickly closed the door. Then, with great caution, she put the caterpillar on her desk.

"Je vais t'appeler Margot," lui dit Lisa.

"I will name you Margot," Lisa told it.

La chenille se met à ramper doucement sur le bureau. Lisa se demande si elle ne va pas tomber. Elle se dit qu'il faut trouver une maison pour Margot.

The caterpillar started to creep down her desk. Lisa wondered if she was going to fall. She thought maybe it would be wise to find a home for Margot.

Après le goûter, Lisa demande à sa mère de lui prêter un bocal.

After an afternoon snack, Lisa asked her mother for a jar.

"Pourquoi as-tu besoin d'un bocal Lisa?" lui demande sa maman.

"Why do you need a jar, Lisa?" asked her mom.

Lisa a peur que sa maman lui interdise de garder sa chenille, mais elle n'aime pas mentir. Surtout à sa maman. Elle lui raconte alors comment elle a trouvé une chenille dans le plant de persil et comment elle l'a ramenée dans sa chambre.

Lisa was scared that her mom would forbid her from keeping her caterpillar, but she did not like to lie, especially to her mom. So, she told her the story of how she found the caterpillar in the parsley plant and brought it into her room.

"Est-ce que je peux la garder maman?" demande Lisa.

"Je veux d'abord voir cette chenille," lui répond sa maman.

"May I keep it, mom?" asked Lisa.

"I would first like to see this caterpillar," her mother responded.

En prenant sa maman par la main, elle court vite jusqu'à sa chambre pour lui présenter Margot.

Taking her mother by the hand, she ran quickly up to her room to show her Margot.

Tu as raison Lisa, c'est une bien belle chenille. Je vais t'aider à lui fabriquer une petite maison.

"You're right, Lisa, it is a very beautiful caterpillar. I will help you build it a little house."

Lisa et sa maman placent Margot dans un grand bocal en verre. Puis, elles font des trous dans le couvercle du bocal. Il faut bien que Margot respire. Lisa décore ensuite le bocal avec quelques autocollants pour que Margot soit dans une jolie maison, pleine de couleurs.

Lisa and her mom placed Margot in a big glass jar. Then, they made some holes in the cap of the jar. It was necessary for Margot to be able to breath. Lisa decorated the jar with a few stickers so that Margot would live in a pretty house with lots of colors.

Quand elles ont terminé, il est presque l'heure du dîner et Lisa se dit que sa nouvelle amie doit elle aussi avoir faim. Elle va dans le jardin, cueille quelques feuilles de persil, puis les place dans le bocal.

When they finished, it was almost dinner time and Lisa said that her new friend must also be hungry. She went to the garden, picked a few parsley leaves, and then placed them in the jar.

Avant de se coucher, Lisa parle longuement à sa chenille. Elle est persuadée qu'elles vont bien s'entendre.

Before sleeping, Lisa talked at length with her caterpillar. She persuaded herself that she was listening quite well.

Pendant trois semaines, les deux nouvelles amies passent presque tout leur temps ensemble. Lisa lui donne à manger tous les jours et nettoie aussi son bocal. Tous les soirs, la petite fille parle à Margot. Elle lui raconte sa journée. Un jour, Lisa a même apporté Margot à l'école. La maîtresse lui a appris que Margot était une chenille de Machaon. Lisa avait trouvé que c'était drôle de s'appeler comme ça et que Margot était un plus joli nom !

During the next three weeks, the two new friends spent almost all of their time together. Lisa always fed her and cleaned her jar as well. Every night, the small girl talked to Margot. She talked about her day. One day, Lisa even brought Margot to school. The school teacher informed her that Margot was a Swallowtail caterpillar. Lisa found that name to be funny and believed Margot was a much prettier name!

Tous les matins, Lisa a hâte de retrouver son amie avant d'aller à l'école. Mais un mardi, la chenille a disparu de son bocal. Lisa ne

comprend pas. Le couvercle est encore en place, mais il n'y a que des feuilles et quelque chose qui ressemble à du coton dans le fond du bocal.

Every morning, Lisa was excited to see her friend before going to school. But one Tuesday, the caterpillar was missing from her jar. Lisa did not understand. The lid was still in place, but there were only leaves and something that resembled cotton at the bottom of the jar.

En rentrant de l'école, Lisa est décidée à élucider le mystère de sa chenille. Elle vérifie dans toute sa chambre si la coquine s'est échappée. Mais, elle ne trouve pas Margot. Lisa n'ose pas dire à sa maman qu'elle a perdu sa chère amie. Elle était responsable de la petite bête et pense qu'elle a du faire quelque chose de mal.

Lisa decided she would get clarification on the mystery of her caterpillar once she got to school. She checked her entire room to see if the mischievous caterpillar had escaped. But, she did not find Margot. Lisa would not dare tell her mother that she had lost her dear friend. She was responsible for the little bug and thought that she had done something bad.

Pendant plusieurs jours, Lisa est toute triste. Son amie lui manque beaucoup. Sa maman finit par lui demander :

For several days, Lisa was very sad. She missed her friend a lot. Her mom came to her one day and asked:

"Lisa, pourquoi es-tu aussi triste depuis quelques jours?"

"Margot a disparu," lui répond Lisa avec de grosses larmes au bord des yeux.

"Vraiment? Montre-moi son bocal."

"Lisa, why have you been so sad these past few days?"

"Margot is missing," Lisa responded to her mother with big tears welling up in her eyes.

"Really? Show me her jar."

Lisa et sa maman vont jusqu'à sa chambre et prennent le bocal.

Lisa and her mom went straight to her room and looked in the jar.

Quelle surprise ! A la place de Margot se trouve un papillon.

What a surprise! In the place of Margot was a butterfly.

Margot n'avait pas disparu Lisa, elle avait fait un cocon pour devenir un papillon, lui explique sa maman.

"Margot did not go missing, Lisa, she made a cocoon to become a butterfly," her mom explained.

Lisa est émerveillée et très fière de son amie.

Lisa was amazed and very proud of her friend.

"Il va falloir ouvrir le couvercle pour la laisser partir," lui dit sa maman. "Les papillons ne peuvent pas rester dans un bocal."

"It is necessary to open the lid to let her leave," said her mom. "Butterflies cannot remain in a jar."

Lisa est bien d'accord. Elle ouvre elle-même le bocal pour laisser partir Margot, la chenille qui est devenue un papillon. Lisa n'est pas triste, car elle sait qu'elle retrouvera surement son amie dans le jardin.

Lisa was fine with that. She opened the jar herself to let Margot, the caterpillar who became a butterfly, go. Lisa was not sad – she knew that she would surely find her friend again in the garden.

Sandra et Michèle-
Sandra and Michele

Quand Sandra avait deux ans, elle était fille unique. Elle n'avait pas de frère ou de sœur et ses parents s'occupaient seulement d'elle. Ses grands-parents la gâtaient beaucoup. Elle avait beaucoup de jouets qu'elle n'avait pas besoin de partager. Elle pouvait décorer sa chambre comme elle le voulait. Quand son papa et sa maman voulaient lui faire plaisir, elle pouvait choisir dans quel restaurant ils iraient manger ou quel film ils regarderaient.

When Sandra was two years old, she was a unique girl. She did not have a brother or sister and her parents only had to look after her. Her grandparents spoiled her a lot. She had many toys she did not have to share with anybody. She could decorate her room however she wanted. When her father and mother wanted to make her happy, she could have chosen what restaurant they would eat at or what movie they would watch.

Un jour, les parents de Sandra ont une grande annonce à lui faire.

One day, Sandra's parents had a big announcement they wanted to make.

"Papa et maman ont une bonne nouvelle," commence la maman de Sandra.

"Tu vas avoir une petite sœur," dit son papa.

"Mom and Dad have good news," started Sandra's mother.

"You are going to have a little sister," said her father.

Sandra est très contente. Elle se dit que sa sœur sera comme une nouvelle amie avec qui elle pourra jouer. Elle se dit qu'elles iront manger dans son restaurant favori, une pizzeria pas très loin de la maison. Elles pourront aussi regarder le film préféré de Sandra, La Petite Sirène. Sandra a très hâte d'avoir une petite sœur.

Sandra was very happy. She told herself that a sister would be like having a new friend with whom she could play. She decided they would go eat at her favorite restaurant, a pizza place not too far from their house. They could also watch Sandra's favorite movie, The Little Mermaid. Sandra was very excited to have a little sister.

Pendant des mois, Sandra voit le ventre de sa maman devenir de plus en plus gros. Ça prend beaucoup de temps pour fabriquer une petite sœur. Sandra est impatiente. Elle prépare déjà les poupées avec lesquelles elles pourront jouer et les films qu'elles pourront regarder ensemble.

During the following months, Sandra saw her mother's stomach become bigger and bigger. It took a long time to make her a little sister. Sandra became impatient. She already prepared the dolls with which they would play and the movies they would watch together.

Quelques semaines après son troisième anniversaire, Sandra a enfin une petite sœur. Sa maman et son papa sont allés à l'hôpital. Ses grands-parents l'emmènent à l'hôpital pour rencontrer sa sœur. Mais ce que Sandra voit n'est pas vraiment une petite camarade avec qui elle pourra jouer.

A few weeks after her third birthday, Sandra at last had a little sister. Her mother and father went to the hospital. Her grandparents brought her to the hospital to meet her sister. But what Sandra saw was not really a little friend with whom she could play.

Ce que sa maman tient dans ses bras est minuscule et tout rouge.

What her mother held in her arms was miniscule and all red.

"Elle s'appelle Michèle," lui dit sa maman.

"Est-ce qu'elle pourra jouer avec moi?" demande Sandra.

"Her name is Michele," her mother told her.

"Can she play with me?" asked Sandra.

Les adultes se mettent à rire et Sandra ne comprend pas pourquoi. Si elle voulait une petite sœur, c'était bien pour pouvoir jouer avec elle.

The adults began to laugh and Sandra did not understand why. If she wanted a little sister, it was surely to be able to play with her.

"Elle est encore trop petite," lui dit son papa. "Il faudra attendre qu'elle grandisse un peu."

"She is still too small," said her father. "You must wait until she gets a little bit bigger."

Sandra est un peu déçue, mais elle se dit que ce n'est pas grave. Elle est d'accord d'attendre un peu pour avoir une amie de jeu. Elle a hâte que Michèle vienne à la maison.

Sandra felt a little disappointed, but she told herself it wasn't that big of a deal. She was okay with waiting a bit to have a friend to play with. She was excited to have Michele come to the house.

Cela fait maintenant deux mois que Michèle est née. Sandra n'a plus du tout envie que Michèle reste à la maison. Sa petite sœur pleure tout le temps et leurs parents passent tout leur temps à s'occuper d'elle. Le pire c'est quand sa couche est sale. Dans ces cas-là, Sandra va dans sa chambre et attend que l'odeur terrible se dissipe.

It had been two months since Michele was born. Sandra did not want Michele to remain in the house. Her little sister cried all the time and their parents spent all their time occupying themselves with her. The worst was when her diaper became soiled. In those instances, Sandra went to her room and waited for the odor to dissipate.

A un an, Michèle commence à marcher et à parler. Mais elle passe son temps à casser des choses ou à essayer de les manger ! A chaque fois que Sandra essaye de jouer avec sa sœur, Michèle casse son jouet, ou elle se met à crier. Michèle ne comprend pas comment jouer aux jeux préférés de Sandra.

At one year old, Michele started to walk and talk. But she passed her time breaking things or trying to eat them! Each time Sandra tried to play with her sister, Michele broke her toy, or she began to cry. Michele did not understand how to play Sandra's favorite games.

Pour le cinquième anniversaire de Sandra, toute la famille est réunie. Sa maman a préparé un superbe gâteau au chocolat avec beaucoup de crème et des cerises. Après avoir soufflé ses bougies, Sandra est impatiente de gouter à son merveilleux gâteau. Mais au moment où sa maman va couper le gâteau, Michèle envoie sa petite main pour voler un peu de crème et renverse le gâteau qui s'écrase sur le sol.

For Sandra's fifth birthday, all of her family was reunited. Her mother had prepared a chocolate cake for her with a lot of whipped cream and cherries. After blowing out the candles, Sandra was impatient to taste her marvelous cake. But at the moment when her mother was going to cut the cake, Michele put her hand out to steal a bit of cream and knocked the cake onto the ground.

Sandra est très en colère et se met à pleurer. Parfois, elle aurait voulu ne jamais avoir de sœur. Elle quitte la salle à manger et court jusqu'à sa chambre.

Sandra was very mad and began to cry. Maybe she really did not ever want a sister. She left the dining room and ran to her room.

A peine deux minutes plus tard, le papa de Sandra vient la voir dans sa chambre.

Less than two minutes later, Sandra's father came into her room to see her.

"Je sais que tu es triste à cause de ton gâteau," lui dit son papa. "Mais Michèle ne l'a vraiment pas fait exprès. Elle aussi est très triste. Tu sais, elle est encore très petite et fait des bêtises. Toi aussi tu faisais des bêtises quand tu avais son âge."

"Vraiment?" demande Sandra.

"Oui. Une fois en voulant prendre ton jouet sur la table, tu as fait tomber le téléphone de maman et il s'est cassé. Mais maman ne s'est pas mise en colère. Parce qu'elle savait que tu n'avais pas fait exprès."

"Alors, moi aussi je devrais ne pas me mettre en colère. C'est vrai que Michèle est très petite. Elle ne peut même pas s'asseoir sur une chaise toute seule."

"I know you are upset because of your cake," said her father. "But Michele did not do it on purpose. She is also very sad. You know she is still very small and does foolish things. You also did some foolish things when you were that age."

"Really?" asked Sandra.

"Yes. One time, wanting to take your toy off the table, you knocked over Mom's telephone and broke it. But Mom did not get angry because she knew you did not mean to do it."

"So I should also not get angry. It is true that Michele is very small. She cannot even sit in a chair all by herself."

Après la catastrophe du gâteau d'anniversaire, Sandra essaye de ne pas se mettre en colère quand Michèle fait des bêtises. Elle remplit tellement bien son rôle de grande sœur, qu'elle arrive même à empêcher Michèle de faire des bêtises. Elles passent de plus en plus de temps ensemble et Sandra essaie toujours de montrer le bon exemple à sa sœur.

After the birthday cake catastrophe, Sandra tried not to get angry when Michele did foolish things. She fulfilled her role as a big sister so well that she even prevented Michele from doing more bad things. She spent more and more time with her, and Sandra always tried to be a good example for her sister.

Aujourd'hui, Sandra a sept ans. Michèle et elle se disputent parfois. Quelques fois, c'est Michèle qui décide dans quel restaurant toute la famille ira. Ils vont moins souvent à la pizzeria, mais les burgers que Michèle aime sont aussi très bons. Sandra a même un burger favori maintenant.

Today, Sandra is seven years old. She and Michele get into arguments sometimes. Sometimes it is Michele who decides what restaurant the entire family will go to. They go less often to the pizzeria, but the burgers that Michele likes are also very good. Sandra even has a favorite burger.

Il arrive que Sandra et Michèle ne s'entendent pas au sujet du film qu'elles vont regarder. Alors, parfois elles regardent La Petite Sirène et parfois elles regardent Pinocchio. Cependant, à chaque fois, elles sont d'accord pour demander à maman de leur faire du popcorn.

Often, Sandra and Michele do not agree on what movie they are going to watch. So, sometimes they watch The Little Mermaid and sometimes they watch Pinocchio. However, each time, they agree to ask their mother to make them popcorn.

Les deux sœurs se chamaillent aussi pour les jouets. Parfois, elles veulent le même jouet en même temps. Parfois Sandra est jalouse d'un jouet que Michèle reçoit en cadeau et parfois c'est Michèle qui boude parce que Sandra a eu un jouet qu'elle voulait.

Maman et papa leur disent alors de partager. Ce n'est pas toujours facile, mais finalement, il vaut mieux partager ses jouets que de jouer toute seule.

The two sisters also bicker over the toys. Sometimes, they both want the same toy at the same time. Sometimes Sandra is jealous of a toy that Michele received as a gift and sometimes it is Michele that sulks because Sandra received a toy that she wanted. Mother and father tell them to share. It is not always easy, but it is better to share their toys than to play alone.

Malgré tout, les deux sœurs s'aiment beaucoup. Sandra est très heureuse d'avoir une petite sœur. Ce qu'elle préfère c'est lui raconter des histoires. Michèle ne sait toujours pas lire et c'est donc Sandra qui lui fait la lecture. Dans ces moments-là, Sandra sent vraiment que c'est elle la grande sœur.

Nevertheless, the two sisters love each other a lot. Sandra is very happy to have a little sister. What she likes most is telling her sister stories. Michele does not know how to read, so it is Sandra who recites books to her. In those moments, Sandra feels really good about being the big sister.

Le chapeau d'Oncle Jack - *Uncle Jack's Hat*

Emilie est une jolie petite fille de sept ans. Elle a un papa, une maman, deux sœurs, trois oncles, deux tantes, et quatre cousins. Elle aime chaque membre de sa famille, mais Emilie a une préférence pour l'Oncle Jack.

Emilie is a pretty young girl who is seven years old. She has a dad, a mother, two sisters, three uncles, two aunts, and four cousins. She likes each member of her family, but Emilie has an affinity for Uncle Jack.

L'Oncle Jack lui rapporte toujours des jouets rigolos. Il lui raconte des histoires drôles. Quand toute la famille va passer l'après-midi

dans le parc, l'Oncle Jack est le seul qui accepte de jouer à la balle avec les enfants. Il est aussi très bon en lancer de frisbee.

Uncle Jack always brings fun games. He tells funny stories to her. When the whole family goes to the park for the afternoon, Uncle Jack is the only one who agrees to play baseball with the kids. He is also very good at throwing the Frisbee.

Tous les dimanches, la grande famille d'Emilie se retrouve chez ses grands-parents. Mamie Rosie et Papi Robert sont très contents quand tout le monde vient chez eux. Chaque famille apporte de la nourriture pour le repas et Mamie Rosie prépare des gâteaux. Quand l'Oncle Jack est au pays, il participe aussi au déjeuner. En fait, quand il n'est pas en voyage, il habite chez ses parents.

Every Sunday, Emilie's large family goes to their grandparent's house. Mamie Rosie and Grandpa Robert are very happy when everyone comes to their place. Each family brings food for the meal and Mamie Rosie makes the cake. When Uncle Jack is in the country, he also participates in the lunch. In fact, when he is not traveling, he lives with his parents.

Ce dimanche-là, la maman d'Emilie a préparé un gratin de fruits de mer et une salade. Ses deux tantes ont apporté du rôti de bœuf, une salade de pâtes et du poulet frit. Emilie a hâte que tout le monde passe à table, car elle a aidé sa maman à préparer le repas.

This Sunday, Emilie's mom prepared seafood gratin and a salad. Her two aunts brought some roast beef, a pasta salad, and fried chicken. Emilie was anxious that everyone was at the table because she had to help her mom prepare the meal.

Le papa d'Emilie et ses oncles dressent une longue table dans le jardin pour que tout le monde puisse s'asseoir. Le repas se passe dans la bonne humeur. Tout le monde mange à sa faim. Les plats se vident assez rapidement. Tout le monde félicite les cuisinières pour les délicieux plats qu'elles ont préparés.

Emilie's father and her uncles put up a long table in the garden so that everyone could sit. The meal went well and everyone was in a good mood. Everyone ate their fill. The plates emptied themselves fairly rapidly. Everyone appreciated the cook for the delicious meal she made.

Avant de passer au dessert, tout le monde met la main à la pâte pour faire la vaisselle. Les enfants ont pour mission d'essuyer et de ranger les couverts, les assiettes et les verres propres. Même s'ils ont hâte de manger les gâteaux, tous les enfants s'appliquent à leur tâche. Ils font très attention et ne cassent pas le moindre verre, ni la moindre assiette.

Before passing around the dessert, everyone lent a hand to do the dishes. The kids were given the mission of drying and arranging the cutlery, the dishes, and the glasses. Even if they were anxious to eat cake, all of the kids applied themselves to their task. They paid great attention and did not break a single glass or dish.

Enfin le moment du dessert arrive et les grands comme les petits se régalent. Mamie a fait trois gâteaux : un gâteau au chocolat avec des pépites de chocolat ; un gâteau à l'orange avec des zestes d'orange ; et un gâteau à la vanille qu'elle a décoré avec de jolies fraises.

At last, the moment to eat dessert had arrived and the adults, like the kids, were delighted. Mamie made three cakes: a chocolate cake with chocolate chips, an orange cake with orange zest, and a vanilla cake that was decorated with pretty strawberries.

Les adultes boivent du thé et du café pendant que la plupart des enfants s'en vont faire une sieste. Mais Emilie n'a pas envie de dormir aujourd'hui. Les cousins et les deux sœurs d'Emilie dorment déjà quand elle décide d'aller dans la bibliothèque.

The adults drank tea and coffee while the kids took a nap. But Emilie did not want to sleep today. While her cousins and two sisters slept, she decided to go to the family library.

Emilie aime beaucoup la bibliothèque. Pas seulement à cause des livres qui s'y trouvent, mais surtout à cause des trésors qu'il y a là-bas. En effet, c'est dans cette pièce que l'Oncle Jack range toutes les merveilles qu'il rapporte de voyage.

Emilie likes the library a lot, not only because of the books she would find, but also because of the treasures that were there. In fact, it was in this room that Uncle Jack put all of his memorabilia that he'd bring back from his trips.

Emilie découvre un objet qu'elle n'avait jamais remarqué avant. Il s'agit d'un vieux chapeau qui avait peut-être été beige ou marron. Il y a une sorte de tresse qui fait le tour du chapeau. Tout à coup, Emilie entend le bruit de la porte.

Emilie discovered an object that she had never seen before. It was an old hat that was either beige or brown. It had a sort of braid that wrapped around it. All of sudden, Emilie heard a sound from the door.

"Tu ne dors pas Emilie?" lui demande l'Oncle Jack en entrant dans la bibliothèque.

"Non, Oncle Jack, je n'ai pas sommeil," lui répond Emilie.

"Je vois que tu as trouvé mon chapeau," dit l'Oncle Jack en s'approchant.

"You're not sleeping Emilie?" asked Uncle Jack as he entered the library.

"No, Uncle Jack, I did not go to sleep," responded Emilie.

"I see that you have found my hat," Uncle Jack said, approaching her.

L'Oncle Jack prend le chapeau et va s'asseoir sur un canapé. Il fait signe à Emilie pour qu'elle vienne s'asseoir à côté de lui.

Uncle Jack took his hat and sat down on a sofa. He made a sign to Emilie to sit beside him.

"Tu veux connaitre l'histoire de ce chapeau?" demande Oncle Jack.

"Oh oui l'Oncle Jack!" répond Emilie.

"Would you like to know the story behind this hat?" asked Uncle Jack.

"Oh yes Uncle Jack!" responded Emilie.

Emilie a toujours aimé les histoires de l'Oncle Jack et elle est très impatiente d'entendre une nouvelle histoire.

Emilie had always liked Uncle Jack's stories and she was very impatient to hear this new story.

"Il y a quelques années," commence l'Oncle Jack. "Je suis allé aux Etats-Unis. C'est un pays très très loin d'ici. J'ai cherché du travail dans beaucoup d'endroits et j'ai fini par être embauché dans un ranch."

It has been a few years, started Uncle Jack. "I went to the United States. It is a country very, very far away from here. I was searching for work in many locations and I finally got hired by a ranch."

Emilie écoutait attentivement et elle essayait d'imaginer à quoi pouvait ressembler un ranch. Comme s'il avait lu dans ses pensées, l'Oncle Jack se met à lui expliquer à quoi ressemble un ranch. Il parle des grands prés avec des centaines de vaches. L'Oncle Jack lui parle aussi des chevaux et des cowboys.

Emilie listened attentively and tried to imagine what a ranch looked like. As if he'd read her thoughts, Uncle Jack began to explain what a ranch was. He talked about large barns with certain cows. Uncle Jack also talked about horses and cowboys.

"Parfois, s'il faut réparer une clôture qui se trouve loin de la maison, il faut apporter des tentes pour dormir la nuit. Nous apportons nos propres casseroles pour faire à manger et chauffer l'eau pour le café."

"Tu devais préparer ta propre nourriture Oncle Jack! Mais qu'est-ce que tu mangeais?" lui demande Emilie.

"On mangeait surtout de la viande séchée et des haricots en boite, ce genre de chose."

"Sometimes, we had to repair a fence that was far from the house. It was necessary to bring tents to sleep in for the night. We brought pans so that we could eat and warm water for coffee."

"You had to prepare your own food Uncle Jack? But what did you eat?" Emilie asked him.

"We certainly ate a lot of beef jerky and beans from a box — that sort of thing."

Emilie se dit que cet endroit devait être vraiment grand s'il fallait partir à cheval pendant plus d'une journée pour aller travailler.

Emilie told herself that such a place must have been really big since he had to leave by horse for more than one day to go to work.

"Comment s'appelait ton cheval Oncle Jack?" demande Emilie.

"C'était une jument. Elle s'appelait Cinnamon. En français ça veut dire cannelle. Elle a eu ce nom parce qu'elle avait la même couleur que la cannelle."

"What was your horse's name, Uncle Jack?" asked Emilie.

"It was a mare. Her name was Cannelle. In English that means 'cinnamon.' She was given that name because she was the same color as cinnamon."

L'Oncle Jack raconte à Emilie comment Cinnamon l'avait jeté au sol parce qu'elle avait vu un serpent. Ce jour-là, même s'il est très courageux, l'Oncle Jack avait eu très peur. Heureusement, il s'en était sorti avec seulement quelques bleus et une cheville foulée.

Uncle Jack told Emilie how Cinnamon had thrown him onto the ground because she had seen a snake. That day, even though he was very courageous, Uncle Jack was very scared. Luckily, he left with only a few bruises and a twisted ankle.

Emilie écoute ensuite l'Oncle Jack lui parler de tous les dangers qui se trouvent dans les plaines du Texas. Si le soleil est trop fort, il faut boire beaucoup d'eau et porter son chapeau. Sinon, on avait des maux de tête et on pouvait perdre connaissance.

Emilie listened to Uncle Jack talk about all the dangers that are found in the plains of Texas. If the sun was very strong, it was necessary for him to drink a lot of water and wear his hat. If not, he could get dehydrated and lose consciousness.

Il y a aussi les serpents. Beaucoup de serpents ne sont pas dangereux. Mais certains serpents étaient venimeux. S'ils vous mordaient, il fallait vite avoir une piqure d'antipoison et aller à l'hôpital. Emilie en a des frissons.

There were also snakes. While a lot of snakes were not dangerous, certain snakes were venomous. If you were bitten, it was necessary to inject an anti-poison quickly and go to the hospital. Emilie began to shiver in fear.

"Est-ce qu'un serpent t'a déjà mordu Oncle Jack?" demande Emilie.

"Non, j'ai eu cette chance. Mais même s'il y a des dangers, la vie de cowboy est fantastique. On vit au grand air. On voit de merveilleux paysages. On passe beaucoup de temps avec les animaux."

"Did a snake bite you, Uncle Jack?" Emilie asked.

"No, I was lucky. But, even if there are dangers, the cowboy life is fantastic.Life under the big sky. We saw beautiful landscapes. We spent a lot of time with animals."

Emilie met le chapeau de cowboy sur sa tête et dit :

Emilie put the cowboy hat on her head and said:

"Je crois que moi aussi je serai une cowgirl un jour!"

"I think I will also be a cowgirl one day!"

La nouvelle école de Jessica - *Jessica's New School*

L'année dernière, Jessica vivait avec son frère et ses parents dans une autre ville. Elle aimait beaucoup sa maison. Jessica avait une jolie chambre avec des dessins d'animaux sur les murs et des étoiles qui brillaient dans le noir sur le plafond. Depuis qu'elle était toute petite, elle jouait avec son frère dans le jardin à l'arrière de la maison. Il avait l'habitude de la pousser sur la balançoire rouge jusqu'à ce que Jessica ait l'impression de voler.

Last year, Jessica lived with her brother and parents in the city. She really liked her house. Jessica had a pretty room with pictures of animals on the walls and some stars that shone brightly on her ceiling at night. Since she was very small, she played with her brother in the garden behind the house. He usually pushed her while she was on the swing to give Jessica the impression she was flying.

Jessica aimait aussi beaucoup son école. Sa maitresse était très gentille et souriante. Elle avait appris beaucoup de choses dans cette école : elle avait appris à compter, à lire et à écrire et pouvait même reconnaitre certains pays sur une carte du monde. Jessica s'était aussi faite de nombreux amis dans sa classe. Elle ne s'entendait pas bien avec tout le monde, mais elle avait toujours beaucoup de camarades avec qui jouer à la récréation.

Jessica liked her school, too. Her teacher was very nice and was always smiling. She had learned a lot of things at that school: she learned how to count, how to read and write, and she could even recognize some countries on a map of the world. Jessica made a lot of friends in her class. She did not get along with everyone, but she always had lots of schoolmates to play with during recess.

Il y a quelques semaines, durant les grandes vacances, toute sa famille avait déménagé. Jessica se retrouve dans une nouvelle maison. Dans sa nouvelle chambre, il n'y a pas encore de décoration. Il n'y a qu'un lit, une commode et un bureau. Elle savait que ses parents étaient très occupés dans la nouvelle maison.

During the holidays, her family moved. Jessica was now in a new home. In her room, there were no decorations. There was only her bed, a drawer, and a desk. She knew that her parents were very busy in the new house.

Il n'y avait pas de balançoire dans le jardin, mais ce n'est pas ce qui l'inquiète le plus. Ce qui inquiète Jessica, c'est la rentrée des classes. Elle se demande si la maitresse sera sévère. Et si les élèves de la nouvelle école savaient mieux lire qu'elle ? Jessica a peur des moqueries. Elle se demande si elle arrivera à se faire de nouveaux amis ou si elle devra manger toute seule durant la récréation.

There wasn't a swing in the garden, but that was not the thing that made her the most nervous. What made Jessica nervous was the first day of classes. She wondered if the teacher would be strict. And what if the other students knew how to read better than her? Jessica was scared of getting mocked. She wondered if she would have new friends or if she would have to eat all alone during lunch.

Le jour tant redouté est finalement arrivé. Jessica a décidé de porter un jean et un t-shirt bleu. Ses parents l'accompagnent jusqu'à sa classe, mais dès qu'ils s'en vont, elle se sent mal à l'aise. Très vite, elle va s'asseoir au fond de la classe en espérant que personne ne la remarquera.

The day in question had finally arrived. Jessica decided to wear some jeans and a blue t-shirt. Her parents accompanied her to class, but as soon as they left, she felt very uneasy. Very quickly, she sat in the back of the classroom, hoping that no one would notice her.

Quand la maitresse arrive, elle se présente à la classe. Jessica découvre que la maitresse est elle aussi nouvelle dans cette école.

When the teacher arrived, she presented herself to the class. Jessica discovered that the teacher was also new to the school.

"C'est mon premier jour ici," dit la maitresse. "Et je sais que je ne suis pas la seule. Jessica est elle aussi nouvelle dans cette école. Jessica, tu voudrais bien venir devant la classe et nous nous présenterons ensemble?"

"It is my first day here," said the teacher. "And I know that I'm not the only one. Jessica is also new to this school. Jessica, would you like to come to the front of the class and we will present ourselves together?"

Jessica s'avance devant la classe et la maitresse et elle se présentent à tour de rôle. Jessica a de moins en moins peur au fur et à mesure qu'elle parle. La maitresse a l'air bien sympathique. Toute la matinée, elle apprend ses leçons et elle n'a plus du tout peur de donner de mauvaises réponses.

Jessica advanced to the front of the class and she and the teacher presented themselves in turn. Jessica became less fearful the more she talked. The teacher seemed to be very kind. The entire morning, she learned her lesson and was not scared of giving the wrong answers.

Au moment où tous les élèves se lèvent pour aller déjeuner, une dizaine d'élèves l'invitent à se joindre à eux pour manger. Jessica est heureuse de savoir qu'elle ne sera pas toute seule pour manger. C'est avec un grand sourire qu'elle quitte la classe avec les autres élèves.

At the moment when all the students got up to go to lunch, a dozen students invited her to join them to eat. Jessica was very excited to know she would not have to eat alone. With a big smile on her face, she left class with the other students.

Quand elle rentre chez elle, Jessica est tout heureuse de raconter à ses parents sa première journée d'école. Après son goûter, la petite fille fait ses devoirs avec application pour que la maitresse soit fière d'elle. Elle fait attention à son écriture et vérifie ses devoirs pour être sûre qu'elle ne laisse aucune faute.

When she got back home, Jessica was very excited to tell her parents about her first day at school. After a snack, the small girl began to do her homework so that her teacher would be proud of her. She paid close attention to her writing and checked her homework to be sure there were no errors.

C'est avec le cœur léger que Jessica se rend à l'école pour son deuxième jour. Elle est contente de retrouver sa maitresse. A l'heure du déjeuner, elle retrouve ses camarades pour manger. Elle joue avec ses nouveaux amis durant la récréation.

Jessica arrived at school light-heartedly for her second day. She was happy to see her teacher. At lunch, she found her schoolmates to eat with. She played with her new friends during recess.

Pendant les jours suivants, Jessica apprend plein de nouvelles choses en classe. Sa matière préférée est la géographie et la maitresse lui donne souvent des étoiles pour avoir bien fait ses devoirs. A chaque récréation, elle joue à des jeux différents. Jessica aime vraiment sa nouvelle école.

During the next few days, Jessica learned lots of new things in class. Her favorite subject was geography and the teacher often gave her stars for doing a good job on her homework. During each recess, she played different games. Jessica really liked her new school.

Pourtant, quand elle rentre chez elle, Jessica est encore un peu triste. Son ancienne chambre lui manque. Ses parents et son frère sont souvent occupés avec les autres pièces de la nouvelle maison.

Elle aimerait bien décorer un peu sa chambre, mais c'est difficile de tout faire toute seule.

When she entered her house, though, Jessica was still a bit sad. She missed her old room. Her parents and her brother often were busy with other things in the new house. She would have liked to decorate her room a little, but it was difficult to do it all by herself.

Le lendemain, pendant la récréation, elle partage ses soucis avec ses amis. Jessica leur raconte comment était sa chambre avant et qu'elle aurait voulu que sa nouvelle chambre soit plus jolie. Ses amis l'écoutent très gentiment, mais à la fin de la récréation, personne n'a trouvé de solution.

The next day during recess, she shared her worries with her friends. Jessica told them how her room used to be and how she wanted her new room to be prettier. Her friends listened considerately, but at the end of recess, no one had found a solution.

Karine, une amie de classe de Jessica a beaucoup réfléchi au problème. Dès le lendemain, avant que Jessica n'arrive à l'école, Karine dit à ses amis qu'elle a une solution pour aider leur nouvelle amie.

Karine, a friend from Jessica's class, had thought about the problem long and hard. As soon as the next day arrived, before Jessica arrived at school, Karine told her friends that she had a solution to help their new friend.

"Nous pourrions faire des dessins d'animaux et elle pourra les coller sur les murs de sa nouvelle chambre," dit Karine.

"J'ai une jolie lampe éléphant que je pourrais lui donner," dit Ali, un autre élève de la classe.

"We could make some pictures of animals and she can put them on the walls of her new room," said Karine.

"I have a pretty elephant lamp I could give her," said Ali, another student in the same class.

C'est à ce moment que la maitresse entre en classe. Elle comprend vite de quoi les élèves parlent.

It was at that moment the teacher entered the class. She learned quickly what the students were talking about.

"Et si nous faisions tous des dessins pour Jessica," propose la maitresse. "Ce soir quand vous rentrerez chez vous, faites-lui un beau dessin et apportez-le demain."

"We can all make pictures for Jessica," proposed the teacher. "Tonight when you get home, make her a beautiful picture and bring it in tomorrow."

Tous les élèves sont ravis de pouvoir aider Jessica. Quand celle-ci arrive, tous les enfants font comme si de rien n'était.

All the students were excited to help Jessica. When she arrived, all the kids acted as if nothing had happened.

En rentrant chez eux, tous les enfants s'appliquent pour faire les plus beaux dessins qu'ils aient jamais fait. Certains dessinent des crocodiles, d'autres des lions ou encore des baleines.

When everyone got back to their homes, all of the kids made the most beautiful pictures they had ever done. Some drew crocodiles, others drew lions, and some even drew whales.

Le lendemain matin, quand Jessica arrive à l'école, elle remarque que tous les élèves sont très souriants et un peu excités. Elle ne comprend pas vraiment ce qu'il se passe jusqu'à ce que la maitresse se mette à parler :

The next morning, when Jessica arrived at school, she noticed all the students were smiling and excited. She did not really understand what was happening until the teacher began to speak:

"Jessica, les élèves et moi avons une belle surprise pour toi. Nous avons tous fait des dessins pour que tu puisses décorer ta chambre."

"Jessica, the students and I have a beautiful surprise for you. We have all made pictures for you to put up as decorations in your room."

Jessica est vraiment très heureuse. Elle découvre les beaux dessins de ses amis et a hâte de pouvoir les accrocher dans sa chambre. C'est sûr, Jessica aime beaucoup sa nouvelle école.

Jessica was really happy. She discovered the beautiful pictures her friends made and was excited to put them up in her room. Now Jessica was sure — she liked her new school a lot.

Christophe l'apprenti magicien - *Christophe, the Novice Magician*

Aujourd'hui Christophe est très heureux car c'est le jour de son anniversaire. Il s'est réveillé de bonne heure et son papa lui a fait des crêpes au chocolat pour le petit déjeuner. Pendant toute la matinée, il est très excité et attend avec impatience son déjeuner d'anniversaire.

Today, Christophe is very excited because it is his birthday. He woke up early and his father made him some chocolate pancakes for breakfast. During the entire morning, he was very excited and waited impatiently for his birthday lunch.

Quand arrive l'heure du déjeuner, le petit garçon accueille ses invités avec le sourire. Il y a son grand-père et sa grand-mère, ses oncles et tantes et tous ses cousins. Il y a aussi ses copains de classe et quelques voisins.

When it was lunch time, the small boy greeted his guests with a smile. His grandfather and grandmother, uncles and aunts, and all of his cousins were there. His friends from class and a few neighbors were also there.

Le repas se fait dans le jardin et tout le monde a l'air très heureux d'être là. Les adultes parlent beaucoup et les enfants jouent et s'amusent beaucoup. Le gâteau d'anniversaire est succulent et Christophe en demande une deuxième part.

They ate the meal in the garden and everyone was happy to be there. The adults talked a lot and the kids played and had a lot of fun. The birthday cake was delicious and Christophe asked for a second piece.

Enfin, c'est le moment que Christophe attendait. Enfin, il va pouvoir ouvrir ses cadeaux. Il déchire les emballages un par un et découvre les merveilleux cadeaux qu'il a reçus. Il y a des jeux de construction, des puzzles, une raquette de tennis, un joli pantalon et bien d'autres cadeaux fabuleux.

Finally, the moment that Christophe was waiting for finally arrived. He could now open his presents. He tore off the wrapping paper one by one and discovered marvelous gifts. There were construction games, puzzles, a tennis racket, some nice-looking pants, and a lot of other fabulous gifts.

Christophe ouvre finalement son dernier cadeau. Quelle belle surprise ! Ses parents lui ont offert une boite de magie. Il imagine déjà devenir un grand magicien qui fera des tours de magie devant des milliers de spectateurs.

Christophe finally opened the last present. What a nice surprise! His parents had given him a magic box. He was already imagining becoming a great magician who would do magic shows in front of thousands of spectators.

Peu de temps après le départ de ses invités, Christophe demande à ses parents :

A short time after his guests left, Christophe asked his parents:

"Est-ce que je pourrais présenter un spectacle de magie à mes amis?"

"Il faut d'abord que tu t'entraines," lui répond son père.

"Les vacances commencent bientôt," lui dit sa mère. "Tu pourras t'entrainer à ce moment-là. Nous inviterons tous tes amis avant la rentrée pour que tu leur montre tes talents de magicien."

"C'est génial!" s'exclame Christophe.

"May I do a magic show for my friends?"

"You must train first," responded his father.

"The holidays are starting soon," his mother told him. "You can train during that time. We will invite all your friends before the first day of school so you can show them your magical talents."

"That's great!" exclaimed Christophe.

Chaque jour qui passe, le petit garçon attend les vacances avec plus d'impatience. Dès le premier jour des vacances, il commence à apprendre des tours de magie. Après seulement quelques jours, il montre à ses parents son premier tour. Ses parents sont impressionnés et l'encouragent.

Each day that passed, the small boy waited for the holidays to end more impatiently. Since the first day of the break, he started to learn magical tricks. After only a few days, he showed his parents his first trick. His parents were impressed and they encouraged him.

Christophe essaie de maitriser tous les tours qui se trouvent dans sa boite de magie, même les plus durs. Il se trompe parfois et rate certains gestes. Mais il persévère en pensant au spectacle qu'il veut donner.

Christophe tried to master all the tricks that were found in his magical box, even the most difficult ones. He made mistakes sometimes and failed certain moves. But he persevered in anticipation for the show he wanted to give.

La fin des vacances approche et Christophe peut presque faire tous ses tours sans erreur. Il est sûr que le jour du spectacle tout se passera bien. Cependant, sa maman lui demande un jour :

The end of the holidays approached and Christophe had almost mastered all of his tricks. He was sure that the day of the show would go well. However, one day his mother asked him:

“Christophe, quels vêtements de magicien vas-tu porter?”

“Christophe, what magician clothes will you wear?”

Christophe ne s’était jamais posé la question et ne sait pas quoi répondre.

Christophe was never asked that question and he did not know how to respond.

“Ne t’inquiète pas mon petit garçon, nous trouverons une belle cape et un chapeau de magicien.”

“Do not worry my little boy, we will find a beautiful cape and a magician’s hat.”

Le lendemain, les parents de Christophe l’emmènent dans une boutique qui semble être faite spécialement pour les magiciens. Il trouve un chapeau et une cape à sa taille.

The next day, Christophe’s parents took him to a boutique that seemed to be specially made for magicians. He found a hat and a cape that fit him.

“As-tu besoin d’une baguette magique?” lui demande le vendeur.

“Non Monsieur, j’en ai déjà une dans ma boite de magie,” lui répond Christophe.

“Do you need a magic wand?” the salesman asked him.

"No mister, I already have one in my magic box," responded Christophe.

Le vendeur lui propose ensuite une balle de magicien et lui apprend un petit tour qu'il pourrait présenter. Les parents de Christophe acceptent d'acheter la balle aussi, pour le plus grand bonheur du petit garçon.

The salesman then offered him a magician's ball and taught him a small trick he could present. Christophe's parents agreed to buy the ball as well, to the great delight of the little boy.

Le grand jour est arrivé. Le papa et la maman de Christophe ont installé des bancs et des chaises dans le jardin. Tous les invités ont mangé des sandwichs et bu du jus. Ils se demandent où est Christophe. Ils ne savent pas que l'apprenti magicien pratique ses tours une dernière fois dans sa chambre. Il vérifie tout son matériel.

The big day had arrived. Christophe's mother and father placed benches and some chairs in the yard. All the guests ate sandwiches and drank juice. They began asking where Christophe was. They did not know that the magician's apprentice was practicing his tricks one last time in his room. He checked to make sure all of his materials were ready to go.

Le papa de Christophe vient le voir quelques minutes avant le début du spectacle. Christophe a un peu peur de rater ses tours devant tous ses amis. Son père l'aide à attacher sa cape et lui met son chapeau sur la tête.

Christophe's father came to check on him a few minutes before the start of the show. Christophe was a bit scared to fail his tricks in front of all his friends. His father helped him put on his cape and his hat.

"Tu as fier allure mon fils. Tu as l'air d'un vrai petit magicien," lui dit son père.

"You are dashing, my son. You have the air of a small magician," said his father.

Christophe reprend courage et sourit. Puis, il lui donne tous les accessoires qu'il doit apporter au jardin.

Christophe mustered up his courage and smiled. Then, he took all of his accessories to the yard.

Christophe attend que sa maman lui donne le signal avant de s'avancer lentement jusqu'à l'endroit où il va faire ses cours. Ses amis l'applaudissent.

Christophe waited until his mother gave him the signal to advance slowly to the place where he would do his tricks. His friends applauded him.

"Je vais vous montrer aujourd'hui des tours comme vous n'en avez jamais vu," dit Christophe. "Tout d'abord, j'aurai besoin d'un volontaire."

"Today, I will show you some tricks you have never seen before," said Christophe. "First off, I would like a volunteer."

Une de ses voisines s'approche de lui. Christophe lui demande ensuite si elle peut transpercer un ballon sans le faire exploser. Tous les autres se mettent à rire. Car ils savent que c'est impossible. La petite voisine essaie, et bien sûr, le ballon explose.

One of his neighbors approached him. Christophe asked if he could pierce a balloon without popping it. Everyone else began to laugh because they knew it was impossible. The small neighbor tried and, of course, the balloon exploded.

Alors, sous le regard attentif de l'assemblée, Christophe prend une aiguille et un ballon. Lentement, il enfonce l'aiguille dans le ballon sans l'exploser. Il entend ses amis qui poussent un soupir d'admiration et de surprise avant de se mettre à applaudir avec force.

Then, with undivided attention from the crowd, Christophe grabbed a needle and another balloon. Slowly, he pushed the needle into the balloon without popping it. He heard his friends gasp in admiration and astonishment before they began to applaud loudly.

Fier d'avoir réussi ce premier tour, Christophe prend confiance en lui et enchaine les tours suivants sans se tromper une seul fois. Tous les spectateurs sont ravis du spectacle. Ils applaudissent à la fin de chaque tour et aucun d'eux n'arrivent à deviner comment s'y prend Christophe.

Proud of his success with his first trick, Christophe gained more confidence in himself and each trick that followed was performed without a mistake. All of the spectators were delighted with the show. They applauded at the end of each trick and not one of them could figure out how Christophe was doing them.

"Voici maintenant mon dernier tour," annonce Christophe. "J'aurai besoin de trois volontaires."

"Here is my final trick," announced Christophe. "I would like three volunteers."

Trois amis de classe s'avancent, curieux de savoir quel rôle ils auront à jouer.

Three friends from his class came forward, curious to know what role they would play.

Je vais donner à chacun d'entre vous une bougie de couleur différente," dit Christophe. "Je vais me retourner et placer mes mains derrière mon dos. L'un d'entre vous viendra placer sa bougie dans mes mains. Puis, je vais me retourner, et sans avoir vu la bougie, je vais deviner sa couleur. Pour vous prouver que je suis un vrai magicien, je vais le faire trois fois."

"I am going to give each one of you a different colored candle," said Christophe. "I will step back and place my hands behind my back. One of you will come place your candle in my hands. Then, I will return, and without seeing the candle, I will guess your color. To show you I am a real magician, I will do this three times."

Christophe se retourne et l'un de ses amis place la bougie entre ses mains. L'apprenti magicien se retourne et devine la couleur de la bougie. Les spectateurs applaudissent. Le petit garçon se retourne une deuxième fois et trouve encore une fois la bonne réponse. Quand pour la troisième fois il accomplit son tour de magie, tout le monde se met debout pour l'applaudir.

Christophe turned around and one of his friends placed a candle in his hands. The novice magician turned around and correctly guessed the color of the candle. The spectators applauded. The little boy turned around a second time and guessed the correct color again. When he had accomplished the magic trick on the third correct guess, everyone stood up and clapped loudly.

Christophe est très fier de lui et il sait qu'un jour il deviendra un grand magicien.

Christophe was very proud of himself, and he knew that one day he would become a great magician.

Conclusion

Reading is a magical activity that can transport you to wonderful places without even having to leave your own home. I hope this book was able to do that for you. Even more, I hope you were able to improve your second language skills at the same time.

Did your reading skills in French improve as you went through the stories?
Did your listening skills get better as you listened to the audio?
Did you follow along and practice your pronunciation?

I hope you did, and I hope you had as wonderful a time with this book as I did in creating it for you. Here is a piece of advice I want to share with you:

Keep reading. It will enrich your mind and make you an even better version of yourself — better not only in school, but in life as a truly kickass individual!

Keep learning French. It will open up so many doors for you, I promise. As long as you are on your language-learning journey, I will be here to help.

Merci,

Frédéric

How to download the MP3?

Go to this page: talkinfrench.com/audio-bedtime-vol2/

If you face some issues. Please contact me at contact@talkinfrench.com

CPSIA information can be obtained
at www.ICGtesting.com
Printed in the USA
LVHW070514300320
651609LV00014B/80